NLP für Aktivisten

Richard Bolstad

Bibliografische Information der Deutschen Nationalbibliothek: Die Deutsche Nationalbibliothek verzeichnet diese Publikation in der Deutschen Nationalbibliographie. Detaillierte bibliografische Daten sind im Internet unter http://dnb.d-nb.de abrufbar.
ISBN: 978-3-940692-54-2

Transformations International Consulting & Training
Postfach 35111, Browns Bay, Auckland 0753, New Zealand
www.transformations.net.nz

Übersetzung aus dem Englischen Duane March
im Auftrag von Stephan Landsiedel
www.welt-retter.org
www.landsiedel-seminare.de

Umschlaggestaltung: © Landsiedel
Foto Umschlag: © privat
Herausgeber: Stephan Landsiedel
Herstellung: BoD – Books on Demand, Norderstedt
Verlag: Landsiedel NLP Training

Widmung

An meinen Enkel Leo. Möge er in einer besseren Welt leben als der, in der ich aufgewachsen bin. Möge er dazu beitragen, eine noch bessere Welt zu schaffen.

NLP für Aktivisten

Inhalt

NLP und gesellschaftlicher Wandel

Alternative Psychologie im Dienst des gesellschaftlichen Wandels

Dieses Buch basiert auf dem Glauben, dass es eine erfreuliche Aufgabe sein sollte, die Welt zu einem lebenswerten Ort zu machen. Die Akteure des gesellschaftlichen bzw. sozialen Wandels haben ebenso viel Recht auf die fortschrittlichsten Werkzeuge der Psychologie des 21. Jahrhunderts wie traditionelle Fachleute. Ich betrachte dieses Buch als Teil eines Projekts, meine eigenen beruflichen Fähigkeiten mit den mich begeisternden Bewegungen des sozialen Wandels zu teilen.

Mein Gefühl für die Notwendigkeit solcher Fähigkeiten kommt aus mehr als 45 Jahren Arbeit in der Friedensbewegung, in Organisationen, die sich dafür einsetzen, die Gewalt von Männern gegen Frauen zu stoppen, in der Anti-Rassismus-Bewegung, in „revolutionären" anarchistischen Gruppen, und früher in meinem Leben, in der Bewegung für demokratische Gymnasien. In den letzten Jahrzehnten habe ich Menschen auf der ganzen Welt ausgebildet, die in sozialen Krisensituationen arbeiten. Dazu zählen die Mitarbeiter der New Zealand Peace Foundation und die von Greenpeace New Zealand in meinem Heimatland Neuseeland.

Der Organisator und Theoretiker sozialen Wandels, Bill Moyer, warnt: „Die Kultur der sozialen Bewegungen beinhaltet oft ein Gefühl von Ohnmacht, Verzweiflung und Versagen, das mit den ‚logischen Gründen' für den Glauben, dass die Bewegung scheitern wird, im Einklang steht – und manchmal sogar hervorbringt" (Moyer, 2001, S. 91). Noam Chomsky schließt sich Moyers Besorgnis an und weist darauf hin, dass die unmittelbare Herkunft dieser Kultur der Verzweiflung nicht im sozialen Umfeld, sondern in den psychologischen Reaktionen der Aktivisten liegt. „Ich meine, schau; wenn du dich hoffnungslos fühlen willst, gibt es schon eine Menge Dinge, über die du dich hoffnungslos fühlen könntest, ... Zuallererst aber, bedeuten diese Vorhersagen nichts – sie sind eher ein Spiegelbild deiner Stimmung oder deiner Persönlichkeit als alles andere. Und wenn du nach dieser Annahme handelst, dann garantierst du, dass dies geschehen wird. Wenn du aber davon ausgehst, dass sich die Dinge ändern können, werden sich diese Dinge vielleicht auch ändern. Okay, angesichts dieser Alternativen ist die rationale Wahl, den Pessimismus zu vergessen." (Chomsky, 2002, S. 139).

Es ist eine großartige Idee, „den Pessimismus zu vergessen", aber wie macht man das? Viele Aktivisten des gesellschaftlichen Wandels sind durch ihre Erfahrungen mit der Bewegung praktisch traumatisiert, und „Burn-out" ist ein häufigerer Grund, diese Arbeit aufzugeben, als eine Änderung der eigenen

politischen Ansichten. In diesem Werk möchte ich einige Antworten aus dem Bereich des „Neurolinguistischen Programmieren“ (NLP) vorstellen.
NLP ist die Psychologie, wie Menschen ihr Gehirn nutzen, um Ergebnisse in ihrem eigenen Leben zu erzielen, sowie um andere zu beeinflussen und gesellschaftliche Veränderungen zu schaffen. NLP kann, so behaupte ich, nicht nur erforschte Techniken bereitstellen, um den Pessimismus zu beenden, sondern auch neue Erkenntnisse darüber, wie man Veränderungen in anderen erreichen kann.
Von Anfang an hat sich NLP geweigert, die Grenzen und den Pessimismus der traditionellen Psychologie zu akzeptieren. NLP bietet eine Reihe von Änderungstechniken, die nur eine Behandlungssitzung benötigen, die auch Anwendung in beschleunigtem Lernen, Heilung psychischer Traumata, körperliche Gesundheitsversorgung, Sport und anderswo finden. Um ein kleines Beispiel zu nennen: In den Jahren nach dem Bosnienkrieg 1992-1995 und während der Anschläge im Kosovo habe ich in Sarajevo eine Ausbildung für Entwicklungshelfer und Psychiater durchgeführt. Ich habe ihnen eine Kern-NLP-Anwendung beigebracht; ein zwanzigminütiger Prozess zur Lösung von posttraumatischen Belastungsstörungen (PTSD: die Rückblenden, Alpträume und Panikattacken, die häufig sowohl natürlichen als auch von Menschen verursachten Katastrophen folgen). Über 3/4 der Psychiater, die ich trainierte, sagten, dass sie sofort mit dieser Methode beginnen würden, weil sie bessere Ergebnisse lieferte als die längeren „Desensibilisierungstechniken“ der traditionellen Psychologie und bessere Ergebnisse erzielten als Anti-Angst-Medikamente (Ansätze, die sich Bosnien-Herzegowina damals nicht leisten konnte).

Die Wurzeln von NLP

Was sind die philosophischen Wurzeln von NLP? John Grinder, der zuvor als Dolmetscher in der US-Armee tätig war, war Professor für Noam Chomskys neue Linguistik und Organisator von Anti-Vietnam-Kriegsdemos, zu der Zeit, als er und sein Student Richard Bandler in den frühen 1970er Jahren NLP mitentwickelten (McClendon, 1989, S. 35-36). „Neuro-Linguistics“ selbst ist jedoch ein Begriff, der bereits 1933 von Alfred Korzybski geprägt wurde (Korzybski, 1994, S. lxxxix), um die Wissenschaft zu beschreiben, die die Auswirkungen der Sprache auf das menschliche Gehirn untersuchen sollte. Korzybski warnte damals: „Derzeit haben die Totalitaristen neurosemantische und neurolinguistische Mechanismen bis an ihre zerstörerische Grenze ausgenutzt.“ Er bestand darauf, dass progressive Gruppen vom Studium der Neurolinguistik profitieren würden. Er schlug vor, dass eine solche Gruppe es

sich schon vor langer Zeit zur Aufgabe hätte machen sollen „Mein Kampf" und verschiedene Reden Hitlers, Goebbels usw. zu studieren und ihre Regierungen hätte darauf hinweisen sollen, dass psychopathologische Menschen das Weltgeschehen in den Griff bekommen und dass ihren Worten überhaupt nicht zu vertrauen sind." Diese Sorge Korzybskis musste 1933 natürlich ein wenig paranoid erschienen sein!
Alfred Korzybski gründete das Institute of General Semantics (Institut für Generalsemantik), um seine Arbeit fortzusetzen. Der Herausgeber des Newsletters des Instituts, Homer Jean Moore Junior, bemerkte fast unmittelbar nach dem 11. September 2001, dass Korzybski über Präsident Bushs Sprache und Verhalten im September 2001 ebenso beunruhigt gewesen wäre, und dass Korzybski sofort die Verbindungen zurück zu Goebbels und Hitler gesehen hätte. Moore betonte: „In meinem Leben war die Notwendigkeit für Korzybskis Formulierungen nie offenkundiger." (Moore, 2001).
Korzybskis Arbeit analysierte die Auswirkungen der Sprache auf das Gehirn. Er erkannte, dass dieses Wissen es uns ermöglichen könnte, nicht nur Propaganda auseinander zu nehmen, sondern auch nützliche Botschaften zu konstruieren, damit jemand die Art und Weise, wie sein Gehirn funktioniert, ändern kann. Es dauerte vierzig Jahre bis NLP begann, dieses zweite Potenzial der neurolinguistischen Verbindung zu entwickeln. In den 1970er Jahren begann eine Gruppe von Studenten und Mitarbeitern der University of California in Santa Cruz NLP zu entwickeln, um zu verstehen, wie „Change Agents" (Agenten des Wandels) anderen Menschen ermöglichen, ihr Leben in eine positive Richtung zu verändern. Die Gruppe bestand aus John Grinder, Richard Bandler, Leslie Cameron, Judith Delozier und Robert Dilts. Zu den ersten Agenten des Wandels, die sie untersuchten, gehörten Virginia Satir, eine Entwicklerin der Familientherapie, Fritz Perls, Gründer der Gestalttherapie, und Milton Erickson, ein medizinischer Hypnotherapeut. Sie studierten Erickson zum Beispiel, um nicht nur zu wissen, wie man „Hypnotherapie" macht, sondern auch um zu wissen, wie ein Hypnotherapeut andere Menschen positiv beeinflusst, nur indem er mit ihnen spricht. Die Ergebnisse dieser „Modellierung" können dann auf jedes Feld angewandt werden, in dem wir einen positiven Einfluss auf andere haben wollen. Die Zahl der NLP-Praktizierenden weltweit liegt jetzt bei Hunderttausenden.

NLP für soziale Aktivisten

Wie jede neue Entdeckung wurde auch auf NLP von führenden Persönlichkeiten sofort zugegriffen. So stellte Präsident Bill Clinton den ehemaligen NLP-Trainer Tony Robbins ein, um von ihm beraten zu werden,

und viele der mächtigsten multinationalen Unternehmen der Welt bilden heute ihre Vertriebsmitarbeiter, PR-Mitarbeiter und das Management in NLP aus. Die gleiche Situation trat in den 1970er Jahren auf, als aus der psychologischen „Encounter"-Bewegung neue Ansätze zur Schaffung eines Gruppenkonsens hervorgingen. Die neuen Fähigkeiten wurden schnell von Experten für Organisationsentwicklung für den Einsatz in der Wirtschaft angewandt. Aktivistische Gruppen wie „Movement for a New Society" (Bewegung für eine neue Gesellschaft) waren an vorderster Front dabei, diese neuen Erkenntnisse in die Arena des sozialen Wandels zurückzuholen und zu integrieren. Ihre Arbeit beendete schließlich die Ära, in der radikale Gruppen typischerweise mit all dem demokratischen Geschick von Attila dem Hunnen geführt wurden (Coover, Deacon, Esser, and Moore, 1978).
Mein Ziel ist hier ein ähnliches. Ich möchte einige spezifische Instrumente bereitstellen, die wir für den sozialen Wandel einsetzen können. Von den Tausenden von NLP-Techniken und Modellen, die stets weiterentwickelt werden, ist es mein Ziel, es einfach zu halten, indem ich nur fünf einführe:

- **Zielesetzen** (Auf Problem und Versagen basierendes Denken loslassen und Ziele setzen, die es wert sind, zu erreichen. Systematisch Ziele setzen, wie es die erfolgreichsten Aktivisten tun.)
- **Rapport** (Die Persönlichkeitsunterschiede, die die Kultur einer Gruppe des sozialen Wandels bilden, sowie die der Menschen, die du beeinflussen willst, verstehen und mit ihnen kooperieren. Schnell das Gefühl des gemeinsamen Verständnisses mit anderen Menschen herstellen, was die Entwicklung kreativer Gruppenlösungen ermöglicht)
- **Reframing (Umdeutung)** (Die versteckten Annahmen und "Mind-Fucks" in deiner eigenen Sprache sowie in der Sprache anderer Menschen erkennen und ändern. Die nützlichsten Bedeutungen in Ereignissen entdecken, um neue Chancen zu erkennen und das Bestmögliche aus Herausforderungen herauszuholen)
- **Verankerung** (Sofort in den Zustand des Geistes treten, der dir ermöglicht, das, was du tun möchtest, leicht tun zu können: energetisiert, enthusiastisch, verspielt, inspiriert usw.)
- **Zusammenarbeit** (Unterstützende Gruppenbeziehungen herstellen, erfolgreich verhandeln, sowohl mit Menschen innerhalb deiner Gruppe als auch mit denen, die sich dir widersetzen)

Ich wähle diese fünf Tools als Beispiele. NLP hat noch viel mehr zu bieten, was den Menschen in sozialen Veränderungsbewegungen zugutekäme. Zum

Beispiel: Jedes Jahr sterben über 100 amerikanische Demonstranten an ihrer allergischen Reaktion auf Pfefferspray (Yuen, Burton-Rose und Katsiaficas, 2004, S. 55); eine Reaktion, die mit einem einfachen zehnminütigen NLP-Allergie-Reaktionsprozess gelöst werden kann (Swack, 1992). Der zwanzigminütige NLP Trauma- Neukonsolidierungs-prozess wäre von enormem Nutzen für diejenigen, deren Erfahrungen mit dem gegenwärtigen Sozialsystem gewalttätig oder zutiefst beunruhigend waren (Muss, 1991), und würde auch dazu beitragen, die irrationalen phobischen Reaktionen von Millionen Amerikanern auf die Ereignisse des 11. September 2001 zu erklären. Aber obwohl diese Techniken keine vollständige fachliche Ausbildung erfordern, erfordern sie mindestens einen Wochenend-Workshop, um sie effektiv anwenden zu können. Ich habe die oben genannten fünf Instrumente gewählt, weil ich dir Fähigkeiten geben möchte, die du aus diesem Buch mitnehmen und sofort anwenden kannst, um über den Pessimismus hinauszugehen und deine Effektivität als Agent des sozialen Wandels dramatisch zu erhöhen!

Zielsetzung

Wie Zielsetzung funktioniert

Es ist ein oft zitierter Satz: "Wenn du nicht weißt, wohin du gehst, wirst du wahrscheinlich woanders ankommen." Die Forschung bestätigt, dass die erfolgreichsten Menschen in der Tat mit mehr Sorgfalt vorgehen, wenn sie herausfinden wollen, wohin sie gerade gehen. In ihrer Studie über einflussreiche Frauen im Laufe der Geschichte sagen Pat und Ruth Williams: "die erfolgreiche Frau ist die durchschnittliche Frau – aber fokussiert. Die erfolgreichen Frauen in diesem Buch fokussierten ihr Leben.... Sie hatten eine Mission und sie folgten ihr." (Williams und Williams, 2003, S. xvii). Edwin Locke und Gary Latham (1990) haben 400 Studien zum Zielesetzen untersucht, die zeigen, dass spezifische Ziele der Schlüssel zu großem Erfolg in so unterschiedlichen Bereichen wie Bildung, Gruppenmanagement, Sport und Neujahrsvorsätze sind. In einer Langzeitstudie mit 250 Schülern und Schülerinnen im Alter von 12-15 Jahren zeigten die Forscher Judith Meece, Allan Wigfield und Jacquelynne Eccles, dass der beste Prädiktor dafür, ob Schüler und Schülerinnen erfolgreich sind, nicht ihre Fähigkeiten oder Talente sind, sondern ihre Erwartung von wie gut sie in der Zukunft sein werden (Meece Wigfield und Eccles, 1990). Es sind Ziele, nicht Intelligenz oder Geschicklichkeit, die den Erfolg bestimmen.

Die Geschichte jeder erfolgreichen Bewegung des gesellschaftlichen Wandels ist auch die Geschichte von Menschen, die bereit waren, Ziele zu setzen und sich auf sie zu konzentrieren. Im Jahr 1894, ein Jahr nachdem sie den siegreichen Kampf um das Frauenwahlrecht in Neuseeland angeführt hatte, wurde Kate Sheppard gefragt, warum sie glaube, dass die Frauen in England nicht so erfolgreich gewesen seien wie ihre eigene Bewegung. Die Leute fragten sich, inwiefern die soziale Situation in England anders sei. Sheppard antwortete: "Liegt es an den Interessengruppen, die direkt und indirekt zur Demoralisierung beitragen?... oder liegt es daran, dass die Frauen nicht den Mut zu ihren Überzeugungen hatten und nicht mutig nach ihren berechtigten Privilegien fragten oder nicht wissen, warum sie sie nicht bekommen haben?" Hat Kate Sheppard die Kraft der Zielsetzung verstanden? Absolut. Ihre Fähigkeit, "mutig nach dem zu fragen", was sie wollte, und zu identifizieren, was sie umstellen sollte, wenn sie es nicht bekam, war ein Schlüssel zum Erfolg ihrer Bewegung. Für Sheppard bedeutete dies, ihre frühere Arbeit, die sich für ein Alkoholverbot einsetzte, beiseite zu schieben. Sie erkannte, dass die Verknüpfung der Frauenwahlrechtsbewegung mit der Bewegung zum Alkoholverbot Unterstützung für ihr primäres Ziel kostete.

In den 1920er und 1930er Jahren leisteten die Menschen in Samoa einen mutigen Widerstand gegen die neuseeländische Polizeiherrschaft. Im Jahr 1929 wurden der Führer der samoanischen Freiheitsbewegung "Mau" (König Tamasese I.) und andere von der neuseeländischen Polizei bei einer friedlichen Demonstration erschossen. Doch die Mau kämpften weiter bis zu ihrem endgültigen Erfolg im Jahr 1962, als Samoa die Unabhängigkeit gewährt wurde. Tamaseses Sohn (Tupua Tamasese Lealofi IV.) wurde Staatsoberhaupt und Premierminister. Hat die Mau das Zielesetzen verwendet? Sicherlich. Ihr Brief an die neuseeländische Regierung nach dem Tod von Tamasese bestätigt dies. In einer Zeit, in der sie sich auf ihre Wut und Trauer hätten konzentrieren können, konzentrieren sie sich stattdessen auf ihr Kernziel. "Samoa hat das vergossene Blut von Tamasese und Häuptlingen und Rednern und ihren geliebten Söhnen getrunken, weil wir uns darauf freuen, für Samoa Wohlstand und Freiheit zu erhalten, friedlich und ohne weiteres Leid, wie es bis heute erduldet wurde. Zweifellos ist es der Glaube der Samoaner, dass der Tag bald anbrechen wird, wenn die Sonne der Gerechtigkeit in Samoa erstrahlen wird." (Feld, 1984).

Im Jahr 1863 beschlagnahmte die neuseeländische Regierung drei Millionen Hektar erstklassiges Ackerland von Stämmen, die sich unter der Führung des Maori-Königs Tawhiao geweigert hatten, es zu verkaufen. Der Kampf um eine Entschädigung sollte sich über vier Generationen erstrecken. Es war die Enkelin von König Tawhiao, Prinzessin Te Puea, die 1947 die endgültige Bestätigung der Regierung, dass das Land gestohlen worden war, und den allmählichen Beginn der Rückzahlung miterlebte. Stell dir vor, du führst ein Gerichtsverfahren, das 100 Jahre dauert, um Gerechtigkeit zu erlangen! Haben Tawhiao und Te Puea die ultimative Erfolgsformel verstanden? Absolut. Ein Jahr nach ihrem Erfolg erklärte Te Puea: "... Ich habe ein Programm von Dingen zu tun und nur eine begrenzte Zeit, um es zu tun .... Es ist nicht gut, jetzt rückwärts zu schauen. Wir müssen unseren Blick in die Zukunft richten." Wie Kate Sheppard erkannte auch Te Puea die Notwendigkeit, die Aufmerksamkeit auf ein bestimmtes Ziel zu lenken. Über Kampagnen zum Verbot von interkulturellen Ehen sagte sie: "Und diese Zukunft muss die Pakeha und Pakeha-Gesetze und sogar die Ehe mit den Pakeha umfassen. Wir müssen einfach unsere Maori-Wurzeln stärken, damit wir alles bewältigen können und nicht aufhören, Maori zu sein." (King, 1977).

Ziele setzen, die für dich funktionieren

Richard Wiseman (2009, S. 88-93) hat eine sehr große Studie zum Zielesetzen durchgeführt. Er verfolgte 5000 Menschen, die ein wichtiges Ziel erreichen wollten (alles von der Aufnahme einer neuen Beziehung bis zum Beginn einer neuen Karriere, vom Rauchen aufhören bis zum Erwerb einer Qualifikation). Er verfolgte die Menschen im Laufe des nächsten Jahres und stellte erstens fest, dass nur 10% jemals ihr Ziel erreichten. Es war nicht nur Pech. Dramatische und konsistente Unterschiede in den von ihnen verwendeten psychologischen Techniken ließen den Erfolg dieser 10% erklären.

Diejenigen, die versagten, neigten dazu, entweder über all die schlechten Dinge nachzudenken, die passieren würden oder weiter passieren würden, wenn sie ihr Ziel nicht erreichten (was NLP ‚weg-von'-Motivation nennt, und was andere Forschung kontrafaktisches Denken nennt) oder über das Erreichen ihres Ziels zu fantasieren und darüber zu träumen, wie großartig das Leben wäre, wenn sie irgendwie magisch das bekommen würden, was sie wollten. Sie versuchten auch, ihr Ziel durch Willenskraft zu erreichen und nicht hilfreiche Gedanken zu unterdrücken. Schließlich verbrachten sie Zeit damit, über Vorbilder nachzudenken, die ihr Ziel erreicht hatten, indem sie oft Bilder des Vorbilds auf ihren Kühlschrank oder an andere prominente Orte stellten, um sie daran zu erinnern, zu fantasieren und zu wünschen, dass sie wie diese Menschen wären. Obwohl die erfolglosen 90 % davon überzeugt waren, dass diese Strategien ihnen helfen würden, funktionierte keine dieser Techniken, und darüber hinaus verschwendeten die erfolgreichen 10 % ihre Zeit mit solchen Techniken nicht.

Der Schlüssel zu dem Problem, das 90 % von uns haben, liegt in einer Reihe gravierender Missverständnisse darüber, was ein Ziel eigentlich ist. Ich vermute, dass die 90 % in der Regel daran gescheitert sind, weil sie eigentlich keine Ziele hatten. In diesem Kapitel möchte ich Ziele von fünf völlig getrennten kognitiven Strukturen unterscheiden: Werte, Richtungen, Probleme, Affirmationen und vergleichende Ziele. Alle diese fünf Strukturen können nützlich sein, und die Verwendung mehrerer von ihnen auf einmal ist perfekt praktikabel, aber diese fünf Strukturen sind keine Ziele. Das Zielesetzen mit einer der anderen Strukturen im Hinterkopf zu starten bedeutet, nicht die Ergebnisse zu erreichen, die die Zielsetzung verspricht.

Probleme

Das erste, was Wiseman fand, war, dass erfolglose Leute viel darüber nachdachten, wie schlimm die Dinge für sie gewesen waren und inwiefern sie nicht so waren, wie sie sie haben wollen. Wiseman sagt: "Wenn sie beispielsweise gefragt werden, welche Vorteile sich daraus ergeben, einen neuen Job zu bekommen, könnten erfolgreiche Teilnehmer sich vorstellen, eine erfülltere und gut bezahlte Beschäftigung zu finden, während ihre erfolglosen Kollegen sich auf ein Scheitern konzentrieren könnten, das sie gefangen und unglücklich fühlen lässt." (Wiseman, 2009, S. 92) Sich auf Probleme und das, was wir nicht wollen, zu konzentrieren, bedeutet, auf die Vergangenheit zu fokussieren. **Es fühlt sich ganz anders an, als wenn man sich auf das Ziel, das Ergebnis oder die Lösung dieser Probleme konzentriert, und es hat sehr unterschiedliche und weniger nützliche Ergebnisse.**

Im Jahr 2000 führten Dr. Denise Beike und Deirdre Slavik von der Universität Arkansas eine interessante Studie über die so genannten kontrafaktischen Gedanken durch. Das sind Gedanken darüber, was falsch gelaufen ist, zusammen mit dem, was sie anders hätten tun können. Dr. Beike beauftragte zwei Studenten der Universität Arkansas, ihre Gedanken jeden Tag in einem Tagebuch aufzuzeichnen, um kontrafaktische Gedanken zu betrachten, wie sie im Alltag der Menschen vorkommen. In der ersten Gruppe zeichneten die Absolventen ihre kontrafaktischen Gedanken, ihre Stimmung und ihre Motivation auf, um ihr Verhalten aufgrund ihrer Gedanken zu ändern. Nachdem sie 14 Tage lang zwei Gedanken pro Tag aufgenommen hatten, berichteten die Schüler, dass negative Gedanken ihre Stimmung drückten, aber ihre Motivation erhöhten, ihr Verhalten zu ändern. Sie glaubten, dass die negativen Gedanken schmerzhaft waren, aber ihnen auf lange Sicht helfen würden.

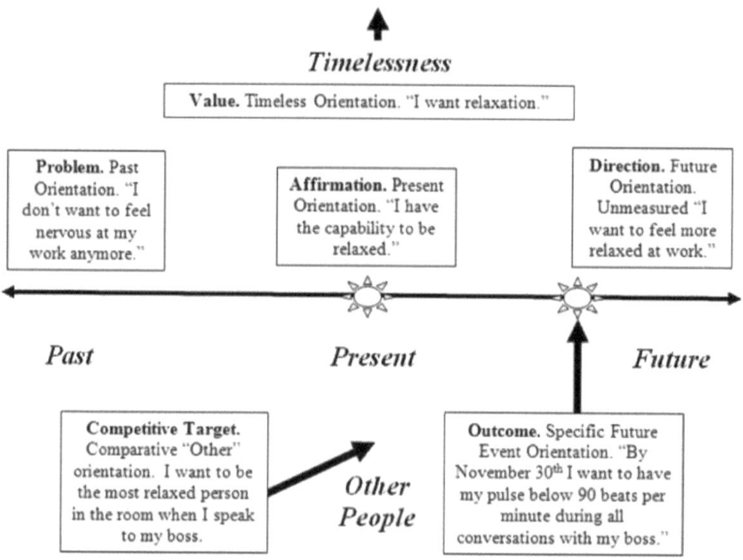

(Grafik: Timelessness = Zeitlosigkeit
Wert: Zeitlose Orientierung. "Ich will entspannt sein."
Problem: Vergangenheitsorientierung. "Ich will mich bei der Arbeit nicht mehr nervös fühlen"
Affirmation: Gegenwartsorientierung. "Ich habe die Fähigkeit, entspannt zu sein."
Ausrichtung: Zukunftsorientierung. "Ich möchte mich bei der Arbeit entspannter fühlen."
Vergangenheit – Gegenwart – Zukunft
Kompetitives Ziel: Vergleichende Ausrichtung auf "Andere". "Ich möchte die entspannteste Person im Raum sein, wenn ich mit meinem Chef spreche."
Andere Leute
Ergebnis: Orientierung auf spezifisches zukünftiges Ereignis. "Bis zum 30. November möchte ich meinen Puls unter 90 Schlägen pro Minute bei allen Gesprächen mit meinem Chef haben."

Um diese Hoffnung auszutesten, engagierten die Forscher dann eine Gruppe von Studenten, die 21 Tage lang Tagebuch führen sollten, um festzustellen, ob sich eine tatsächliche Verhaltensänderung aus dem kontrafaktischen Denken ergeben würden. Drei Wochen nach Abschluss ihrer Tagebücher wurden die Studenten gebeten, ihre Tagebuchdaten zu überprüfen und anzugeben, ob ihr kontrafaktisches Denken tatsächlich zu einer Verhaltensänderung geführt hat. "Es wurde keine selbstwahrgenommene Verhaltensänderung festgestellt", sagte Dr. Beike gegenüber Reuters Health. Kontrafaktische Gedanken über negative Ereignisse im Alltag lassen uns das Gefühl haben, dass wir "alles besser oder mehr hätten machen sollen", sagte Dr. Beike. "Diese Gedanken geben uns ein schlechtes Gefühl, was uns dazu motiviert, herumzusitzen und Mitleid mit uns selbst zu empfinden." Was funktioniert also? Die Studie ergab, dass "selbst anerkennende Gedanken", in denen Individuen über den Erfolg nachdenken und sich selbst dafür gratulieren, dazu dienen, angemessenes Verhalten zu verstärken und den Menschen zu helfen, "sich selbst und ihre Lebensumstände besser unter Kontrolle zu haben". (Slavik, 2003).

Es kommt durchaus sehr oft vor, wenn ich mit einem neuen Klienten arbeite, dass sie mir erklären, dass es ihr Ziel ist "nicht ängstlich zu sein". Dies enthält keine anderen Informationen als die Aussage "Mein Problem ist, dass ich ängstlich bin". Es sagt mir nicht, was sie stattdessen wollen. NLP-Trainer Steve Andreas hat dafür eine tolle Metapher. Stell dir vor, sagt er, dass du in ein Taxi steigst und dem Fahrer sagst: "Ich will nicht hier sein." Und wenn der Fahrer verwirrt fragt: "Ja, aber wo willst du sein, anstatt hier zu sein?", antwortest du: "Nun, woanders." Es hat keinen Sinn, das Auto in Bewegung zu setzen, bis du lernst, ein Ziel zu formulieren.

Werte

Die nächsthäufigste Antwort, wenn ich einen neuen Klienten nach seinem Ziel frage, ist, dass er mir ein einziges Wort für einen Geisteszustand gibt, den er genießt und schätzt. "Ich will Glück", sagen viele. In Wisemans Forschung konnten die erfolgreichsten Menschen konkrete, spezifische Vorteile aufzählen, die sie von ihrem Ziel erhalten würden, anstatt nur zu sagen, dass sie sich "glücklich fühlen" würden. Sie hatten das, was Wiseman "eine objektive Checkliste der Vorteile" nennt, und machten diese so konkret wie möglich, oft indem sie sie aufschrieben. Er stellt fest: "... Obwohl viele Menschen sagten, dass sie das Leben mehr genießen wollten, waren es die erfolgreichen Menschen, die erklärten, wie sie beabsichtigten, zwei Abende pro Woche mit Freunden zu verbringen und jedes Jahr ein neues Land zu besuchen." (Wiseman, 2009, S. 91- 93). Um den Unterschied zu erklären, wenn ein Kunde mir sagt, dass sein Ziel ist, glücklich zu sein, erkläre ich in der Regel, dass es Pillen gibt, die sie ganz leicht glücklich machen können. Wenn sie mir sagen, dass sie ohne Drogen glücklich sein wollen, sage ich ihnen, dass die Vermeidung aller Aktivitäten eine wirklich sichere Option sein könnte. In der Regel beginnen sie langsam, konkreter zu werden und genau zu erklären, was sie tun und denken werden und wie sie sich darüber fühlen werden.

"Glück" ist kein Endergebnis, kein Ziel. Es ist ein Zustand des Seins, eine geschätzte Erfahrung, die in vielen verschiedenen Kontexten erlebt werden könnte. Um überprüfen zu können, ob jemand ein Ziel erreicht hat, müssen wir wissen, was der Zielkontext der Person ist und welche konkreten Beweise er benötigt, um zu wissen, dass er diesen gewünschten Zustand erreicht hat. Ein Ziel ist kein Wert, es ist ein bestimmtes Ereignis, das einen Wert ausdrückt oder den Ausdruck eines Wertes zulässt. Werte zu verstehen ist immens nützlich. Wenn du die Werte einer Person kennst, kannst du überprüfen, ob ihr Ziel es ihr ermöglicht, diese Werte zu verkörpern oder nicht. Werte sind das, was einen Menschen zum Handeln motiviert. Das zu wissen, hilft uns dabei zu wissen, ob er seine Ziele tatsächlich erreichen will oder nicht (ob er diese Ziele wertschätzen wird). Ein Zielsetzungsprozess ist wie eine Leiter, die eine Person erklimmt, um zu erreichen, was sie will. Ein Wert ist eine Wand, deren Spitze sie erreichen will. Wenn jemand die Leiter der Zielsetzung gegen die falsche Wand lehnt, wird er seine Energie verschwenden. Aber nur die Wahl der richtigen Wand allein bringt dich nicht weit beim Klettern. Werte sagen dir, wohin es sich zu gehen lohnt. Ziele sagen dir, wie du wissen wirst, dass du Schritte in diese Richtung unternommen hast.

Affirmationen

Die Psychologen Joanne V. Wood und John W. Lee von der University of Waterloo und W.Q. Elaine Perunovic von der University of New Brunswick (Wood, Perunovic and Lee, 2009) baten zunächst 249 Probanden, einen kurzen Fragebogen auszufüllen (die Rosenberg-Selbstwertskala), der ihr Selbstwertgefühl analysieren und vermitteln sollte, wie oft sie positive Dinge über sich selbst sagten, auf einer Skala von 1 (nie) bis 8 (fast täglich).
52% gaben eine Bewertung von 6 oder höher an. Diese 52% der Probanden, die bereits ein hohes Selbstwertgefühl hatten, berichteten, dass sie sich schon oft selbstbestätigende Aussagen (Affirmationen) sagten. Sie berichteten, dass sie positive Affirmationen vor Prüfungen (85%), bevor sie eine Präsentation hielten (78%), um mit negativen Ereignissen fertig zu werden (74%), und manchmal sogar als Teil ihres Alltags (23%) benutzten. Im Durchschnitt hielten sie solche Affirmationen für hilfreich. Diejenigen mit geringem Selbstwertgefühl behaupteten auch, dass solche Aussagen ihnen manchmal halfen, aber sie berichteten, dass Affirmationen sie häufiger schlechter fühlen ließen. Um herauszufinden, warum, führten die Forscher zwei Folgestudien durch.

Zuerst baten sie ihre Probanden, alles aufzuschreiben, was sie in einem Zeitraum von vier Minuten fühlten oder dachten. Innerhalb der Versuchspersonen gab es die gleiche Anzahl von Studenten mit hohem sowie mit niedrigem Selbstwertgefühl. Die Hälfte jeder Gruppe wurde aufgefordert, sich zu sagen: "Ich bin ein liebenswerter Mensch", alle 15 Sekunden, wann immer eine Glocke klang, die vom Forscher geläutet wurde. Anschließend füllten sie mehrere Fragebögen aus. Zwei davon wurden entwickelt, um ihre Stimmung zu bewerten, einschließlich Fragen wie "Wie hoch ist die Wahrscheinlichkeit, dass ein 30-Jähriger in eine glückliche, liebevolle Romanze geraten wird?" und "Möchtest du auf eine Party gehen?". Eine andere Reihe von Fragen bewertete ihr aktuelles Selbstwertgefühl, indem man sie bat mitzuteilen, welches von zwei Adjektiven ihre Gefühle eher beschreibt – z. B. wertvoll oder nutzlos, nett oder schrecklich, gut oder schlecht. Wie zu erwarten, hatten die Studenten mit höherem Selbstwertgefühl auf allen drei Fragebögen höhere, glücklichere Werte als Studenten mit geringem Selbstwertgefühl. Nach Wiederholungen der Affirmationen gab es aber keine statistisch signifikante Veränderung in den Ergebnissen. Aber für jene Probanden, die bereits ein geringes Selbstwertgefühl hatten, war die Wirkung der Affirmationen dramatisch und negativ. Sie fühlten sich schlechter, nachdem sie diese Worte gesagt hatten, hatten mehr negative Überzeugungen und hatten geringere Erfolgserwartungen. Ihre Selbstwertgefühlswerte wurden durch den Versuch, Affirmationen zu verwenden, fast halbiert.

Die Forscher erklären das Ergebnis damit, dass jeder Mensch eine Reihe von Ideen hat, die er zu akzeptieren bereit ist. Botschaften, die innerhalb dieses Ideenkreises liegen, sind überzeugender als solche, die außerhalb dieses Kreises liegen – die Letzteren stoßen auf Widerstand und können sogar dazu führen, dass Menschen an ihrer ursprünglichen Position stärker festhalten. Wenn eine Person mit geringem Selbstwertgefühl etwas sagt, das positiv über sich selbst ist, aber weit außerhalb des Bereichs liegt, was sie tatsächlich glaubt, ist ihre unmittelbare Reaktion, die Behauptung abzuweisen und sich noch schlimmer zu fühlen. Aussagen, die dem gegenwärtigen Selbstbild und dem Grundmodell der Welt einer Person widersprechen, egal wie positiv die Absicht ist, werden wahrscheinlich unpassende Gedanken auslösen.

Natürlich hast du als NLP-Praktizierende mehrere Interventionen parat, die das Selbstbild und das Modell der Welt verändern können, so dass diese Affirmationen funktionieren würden... und dann natürlich scheinen die Affirmationen sowieso nicht so wichtig zu sein. Wood kam zu dem Schluss, dass Affirmationen nur in Situationen funktionieren, in denen Menschen sehr konkrete Aussagen treffen, die man nicht in Zweifel ziehen kann, oder in denen keine ihrer Hauptüberzeugungen in Frage gestellt wird. Zum Beispiel wäre es besser zu behaupten "Ich wähle gute Geschenke für Menschen" anstatt "Ich bin ein großzügiger Mensch". Wie ich das in meinem Werk zu Kommunikationsfertigkeiten *Transforming Communication* (Bolstad, 2002) ausgedrückt habe, ist es besser, positive Aussagen als sensorisch spezifische "Ich-Botschaften" zu formulieren statt sie als Urteile zu formulieren. Wood und Kollegen warnten, dass "ausgefallene, unangemessen positive Selbstdarstellungen wie „Ich akzeptiere mich vollständig" oft durch Selbsthilfebücher gefördert werden. Unsere Ergebnisse deuten darauf hin, dass solche Selbstdarstellungen genau den Menschen schaden können, für die sie bestimmt sind: Menschen mit geringem Selbstwertgefühl." (Wood, Perunovic and Lee, 2009, S. 865).

In der dritten Studie wurden die Probanden gebeten, über die Aussage "Ich bin eine liebenswerte Person" nachzudenken und sich entweder nur darauf zu konzentrieren, inwiefern die Aussage wahr ist, oder zu überlegen, inwiefern sie wahr und nicht wahr ist. Nach der Aufgabe profitierten Menschen mit hohem Selbstwertgefühl davon, sich nur auf die positive Seite der Aussage zu konzentrieren, aber diejenigen mit geringem Selbstwertgefühl fühlten sich schlechter über sich selbst, wenn sie nur auf Positives fokussierten, und besser, wenn sie gebeten wurden, einen ausgewogeneren Ansatz zu verfolgen. Wood hält fest: Wenn Menschen mit geringem Selbstwertgefühl gebeten werden, nur positive Gedanken zu pflegen, finden sie es schwierig, negative auszuschließen. Ihre Überzeugung wird dadurch verstärkt, dass sie den hohen Standards nicht gerecht werden können.

Die NLP Gründer Richard Bandler und John Grinder haben "Affirmationen" nicht in ihre Liste der NLP-Techniken aufgenommen. Robert Dilts und Judith DeLozier in ihrer Encyclopaedia of NLP (Dilts and DeLozier, 2000, S. 24) setzen sich für Affirmationen ein: "Affirmationen sind eine Methode zur Schaffung, Stärkung und Förderung positiver 'selbsterfüllender' Prozesse." Affirmation beinhaltet im Wesentlichen die verbale Behauptung und Verstärkung ermächtigender Überzeugungen. Der Prozess der Affirmation beinhaltet die Wiederholung einer Reihe von Glaubensaussagen. In vielerlei Hinsicht stellen Affirmationen ein grundlegendes Beispiel für das "Neurolinguistische Programmieren" dar. Sie verwenden den Gebrauch von Sprache, um positive mentale "Programmierung" zu etablieren und zu fördern. Dilts und DeLoziers Beispiele für Affirmationen basieren jedoch alle auf aktuellen Realitäten. Anders ausgedrückt: Dilts und DeLoziers Beispiele sind alle prozessorientiert, z.B. "Es ist möglich für mich, gesund und wohlauf zu sein", "Ich habe die Fähigkeit, gesund und wohlauf zu sein", anstatt ergebnisorientiert "Ich bin gesund und wohl auf". Die obige Forschung legt nahe, dass, da die Affirmationen die "Realität" des Klienten nicht in Frage stellen, sie eher positiv aufgenommen werden.

Bandler und Grinder entwickelten Methoden zur Transformation interner Überzeugungen und sie scheinen sich des Risikos bewusst gewesen zu sein, der Realitätserfahrung einer Person damit zu widersprechen. Bandler zum Beispiel beschreibt die Schaffung eines neuen Glaubens als die Schaffung eines neuen Fokus der Aufmerksamkeit, anstatt den Beweisen zu widersprechen, die ein Mensch über die Realität gesammelt hat. Richard Bandler beschreibt den Aufbau neuer Überzeugungen und sagt (1985, S. 105-109): "Weißt du, welchen Glauben du haben möchtest anstelle des Glaubens, den du jetzt hast?... Beginne jetzt darüber nachzudenken, und stelle sicher, *dass du darüber positiv denkst* und keine Negationen anwendest. Denke daran, was du glauben willst, nicht an das, was du nicht glauben willst. Ich möchte auch, dass du diesen Glauben nicht im Rahmen eines Zwecks oder Ziels setzt, sondern im Rahmen *eines Prozesses* oder *einer Fähigkeit*, was dich dazu führen würde, dieses Ziel zu erreichen. Wenn du zum Beispiel glauben möchtest, dass du NLP kennst, ändere den Glauben so, dass du glaubst, dass du aufmerksam sein kannst, lernen und auf Feedback reagieren kannst, um NLP zu lernen.... Wir wollen neue Fähigkeiten mobilisieren und keine neuen Wahnvorstellungen installieren!" In dem Maße, in dem "Jeden Tag in jeder Hinsicht werde ich immer besser" (um eine traditionelle Affirmation zu zitieren) mit der Realität unvereinbar ist, ist es natürlich eine Täuschung. Kein Wunder, dass viele Forscher dieses ablehnen.

Diese Forschung in Bezug auf Ziele zeigt, dass die Formulierung deiner Ziele (was du in der Zukunft geschehen lassen willst) als Affirmationen (was du über das, was jetzt geschieht) kontraproduktiv ist. Deine jetzigen Stärken, Ressourcen, Erfolge und Dankbarkeit zu bekräftigen, ist sehr nützlich, aber es kann die Zielsetzung nicht ersetzen.

Weder die Fokussierung auf ein vergangenes Problem noch das Fantasieren über einen zukünftigen Erfolg führt zum Erfolg. Lien Pham und Shelley Taylor von der University of California führten eine Studie durch, in der eine Gruppe von Studenten gebeten wurde, zu visualisieren, dass sie eine in Kürze anstehenden Zwischenprüfung mit hohen Noten bestehen würden. Sie wurden unterrichtet, klare visuelle Bilder zu formen und sich vorzustellen, wie gut es sich anfühlen würde. Sie sollten diese Visualisierung jeden Tag für einige Minuten wiederholen. Eine Kontrollgruppe wurde ebenfalls beobachtet, und die Studienzeiten jedes Einzelnen sowie deren Noten in der Prüfung wurden überwacht. Die Studenten, die visualisierten, sollten laut Befürwortern von "The Secret" (Das Geheimnis) DVD und dem "Law of Attraction" (Das Gesetz der Anziehung) einen klaren Vorteil haben. Tatsächlich haben sie viel weniger studiert und bekamen folglich viel niedrigere Noten in der Prüfung (Pham und Taylor, 1999).

Dieses Ergebnis ist sehr konsistent. Es gibt jetzt eine große Anzahl von Forschungsstudien, die zeigen, dass "Das Geheimnis" oder "Das Gesetz der Anziehung" (ein Ergebnis visualisieren und dann loslassen und darauf vertrauen, dass das Universum es so liefern wird) den Erfolg behindert. Gabrielle Oettingen von der University of Pennsylvania führte eine Reihe von Studien durch, die das gleiche Ergebnis hatten. In einer Studie wurden Frauen in einem Programm zur Gewichtsabnahme gebeten, zu beschreiben, was passieren würde, wenn ihnen eine verlockende Situation mit leckeren Lebensmitteln angeboten würde. Je positiver ihre Fantasien darüber waren, wie gut sie mit diesen Situationen umgehen würden, desto weniger Arbeit leisteten sie zwecks der Gewichtsabnahme. Ein Jahr später verloren jene Frauen, die konsequent positive Ergebnisse phantasierten, im Durchschnitt 12 Kilo weniger als jene, die negative Herausforderungen erwarteten und sich damit mehr Mühe gaben (Oettingen und Wattenmeer, 1991). Oettingen verfolgte Studenten im letzten Universitätsjahr, um herauszufinden, wie sehr sie fantasierten, dass sie nach Studienabschluss ihren Traumjob finden würden. Die Studenten, die mehr fantasieren, berichteten zwei Jahre später, dass sie weniger nach Arbeit suchten, weniger Angebote an Arbeitsplätzen hatten und deutlich geringere Gehälter hatten als ihre Klassenkameraden (Oettingen und Mayer, 2002). In einer anderen Studie untersuchte sie eine Gruppe von Studenten, die sich insgeheim zu einem anderen Studenten romantisch angezogen fühlten. Sie bat sie, sich vorzustellen, was passieren würde, wenn sie sich zufällig allein mit diesem Menschen wiederfinden würden. Je lebendiger und positiver ihre Fantasien, desto unwahrscheinlicher war es, dass sie etwas dafür unternahmen und 5 Monate später näher in einer Beziehung mit diesem Menschen sein würden. Das Ergebnis ist auch konsistent in Bezug auf beruflichen Erfolg, Liebe und Anziehung sowie im Umgang mit Sucht- und Gesundheits-herausforderungen (Oettingen, Pak und Schnetter, 2001; Oettingen, 2000; Oettingen und Gollwitzer, 2002).

Ausrichtungen

Die letzten beiden Typen von Nicht-Zielen bewegen sich zumindest in eine nützliche Richtung. Sie messen sich jedoch nicht an einem gewünschten zukünftigen Erfolg, sondern an einem Aspekt der gegenwärtigen Situation. Wie es impliziert, sagt einem eine Ausrichtung nur die Richtung, und nicht, wie weit die Person bis zu einer bestimmten Zeit kommen will. Ein Mensch kann sagen, ich möchte nächstes Jahr mehr Geld verdienen als dieses Jahr (was bedeutet, dass, wenn er einen Cent mehr verdient, sein Ziel erreicht wurde) oder ich möchte entspannter sein, wenn ich mit meinem Chef spreche (was bedeutet, dass eine Pulsfrequenz von nur 5 Schlägen pro Minute unter ihrem aktuellen Angstpegel ein Zielerfolg wäre). In gewisser Weise ist das sehr wertvolle Information. Eine positive "hin-zu" motivierte Ausrichtung ist ein generativer Plan (d.h. er erzeugt immer wieder neue Aktionen) und nicht einer, der nur zu einem bestimmten Punkt führt. Einige Menschen würden davon profitieren, wenn sie mehr in Ausrichtung investieren würden als nur in bestimmte Ziele. In diesem Sinne ähneln Ausrichtungen Werten; sie ermöglichen eine laufende Überprüfung, dass du etwas Nützliches tust. Sie sind keine Ziele.

Vergleichende Ziele

Stell dir vor, ein Klient sagt dir, dass sein Problem darin besteht, dass er entspannt bleiben will, während er mit seinem Chef spricht (Problem), dass er Ruhe schätzt (Wert), und dass er weiß, dass er die Fähigkeit hat, sich zu entspannen (Affirmation). Dann erklärt er: "Mein Ziel ist es, dass ich, wenn ich mit meinem Chef spreche, die entspannteste Person im Raum sein werde." Wahrscheinlich würdest du sofort erkennen, dass, selbst wenn er die Entspannung seines Chefs messen könnte (und er müsste in der Lage sein, dies zu tun, um zu wissen, ob er dieses Ziel erreicht hat – um zu überprüfen, dass er noch entspannter als der Chef ist) dieses Ziel einige nicht hilfreiche Folgen hat.

Erstens wird die Aufmerksamkeit dadurch geteilt, denn in der Regel messen Leute ihren eigenen Erfolg. In diesem Fall müssen sie sowohl ihren eigenen Erfolg als auch den Erfolg der anderen im Raum messen und diese dann effektiv vergleichen. Das teilt ihre Aufmerksamkeit zwischen den beiden Wettbewerbern auf. Zweitens ist das Ziel fast wertlos, weil sie es technisch immer noch erreicht haben, wenn sie feststellen, dass (zum Beispiel) ihr eigenes psychologisches Durcheinander ein Bruchteil weniger als das ihres Chefs ist.

Die beiden gleichen Probleme treten bei allen solchen vergleichenden Zielen auf – z.B., "der bestverdienende Mitarbeiter in meinem Unternehmen" zu sein, "eine engere Beziehung als alle anderen Mitglieder meiner Familie" zu haben usw. Angesichts der offensichtlichen Unwirksamkeit solcher vergleichenden Ziele, stellt sich die Frage: „Warum wählen Klienten solche Ziele aus?“

Die Antwort ist eine soziale Mythologie über den Wert des Wettbewerbs. Viele Eltern, Lehrer und Teamleiter haben die Überzeugung, dass der Versuch, es besser zu machen als jemand anderes, zum Erfolg führt und sogar den Charakter aufbaut. David und Roger Johnson (in Kohn, 1986, S. 47) untersuchten 122 Forschungsstudien darüber, wie Zusammenarbeit oder Wettbewerb den Erfolg beeinflussen. In nur acht dieser Studien schien der Wettbewerb zu helfen. In den meisten Studien waren Leute, die mit anderen kooperierten, viel erfolgreicher <u>und</u> fühlten sich am Ende besser über ihre Leistung. Flugpiloten, die gegeneinander antreten, fliegen weniger sicher als diejenigen, die zusammenarbeiten. Wissenschaftler, die um Auszeichnungen konkurrieren, machen weniger wissenschaftliche Fortschritte. Eine Studie von Geschäftsleuten zeigte, dass die erfolgreichsten Geschäftsleute am wenigsten wettbewerbsorientiert waren, was dramatisch im Widerspruch zu dem steht, was in der betrieblichen Ausbildung gelehrt wird. John Simmons und William Mares (in Kohn, 1986, S. 213) überprüfen Studien über Arbeitsplätze wo Mitarbeiter kooperieren, die zeigen, dass sie mehr produzieren als hierarchische und konkurrierende Arbeitsplätze. Der Grund ist sehr einfach. Wettbewerb erfordert, darauf zu achten, wie es dem anderen geht. Erfolg erfordert, darauf zu achten, wie es <u>dir</u> geht. Der Konkurrent ist wie ein Mensch, der ein Rennen läuft, während er über die Schulter schaut, um die Fortschritte der anderen zu überprüfen (ein Problem, das sogar den sportlichen Erfolg behindert und das nährt, was als Wettbewerbsangst bekannt ist, wo der Sportler im Training bessere Leistungen bringt als im eigentlichen Sportwettbewerb). Wenn du erfolgreich sein willst – persönlich <u>und</u> in deiner Gruppe – solltest du dich auf deine eigenen Leistungen konzentrieren.

Ich kann dir dieses Phänomen deutlich mit einem Ziel illustrieren, das von einem Mann gesetzt wurde, den ich Kori nennen werde. Als Kori zu mir kam, sagte er: "Ich möchte eine Internetseite einrichten, um über lokale Treffen zum Thema sozialer Wandel zu informieren."

1. Sensorisch-spezifisch:

Die erfolgreichsten Menschen in Wisemans Forschung stellten sich vor, ihr Ziel erreicht zu haben, und konnten konkrete, spezifische Vorteile aufzählen, die sie daraus ziehen würden, anstatt nur zu sagen, dass sie sich glücklich fühlen würden. Sie hatten das, was Wiseman "eine objektive Checkliste der Vorteile" nennt, und machten diese so konkret wie möglich, oft indem sie sie aufschrieben. Er stellt fest: "... Obwohl viele Menschen sagten, dass sie das Leben mehr genießen wollten, waren es die erfolgreichen Menschen, die erklärten, wie sie beabsichtigten, zwei Abende pro Woche mit Freunden zu verbringen und jedes Jahr ein neues Land zu besuchen." (Wiseman, 2009, S. 91-93).

Zuerst fragte ich Kori: "Wann willst du genau dieses Ziel erreichen?" Das hat ihn überrascht. Viele Menschen, die NLP nicht kennen, halten Veränderung immer noch für eine Hit-and-Miss-Affäre. "Vielleicht werde ich in einem Jahr dort sein, und wahrscheinlich wird es alles ziemlich cool sein." Kori entschied sich, dass bezüglich des Timings "in einem Monat" besser wäre. Als nächstes sagte ich zu ihm: "Stell dir vor, ein Monat ist vergangen und du hast dieses Ziel erreicht. Tritt in deinen Körper hinein. Was siehst du, was ist anders, was hörst du und wie fühlst du dich anders?" Nur indem Kori einfach diese Frage beantwortet, indem er sich vorstellt, Freunden die neue Internetseite einen Monat später zeigen zu können, bringt er alle seine Sinnessysteme (visuell, auditiv, kinästhetisch, usw.) ein und aktiviert damit mehr Bereiche seines Gehirns, als wenn er einfach die Worte seines erklärten Ziels durchdenkt. Sofort sagte er, er sei zuversichtlicher, dass es passieren könne.

Nach meiner persönlichen Erfahrung kommen viele politische Aktivitäten im Zielsetzungsprozess nicht einmal so weit. Liza Featherstone, Doug Henwood und Christian Parenti äußern große Besorgnis über den Antiintellektualismus der Antikriegsbewegung 2001-2003. "Wir wollen also die humanitäre Krise in Afghanistan beenden – was bedeutet es, dies als unser Ziel zu haben?", fragen sie und weisen darauf hin, dass die Friedensbewegung schwand, als Aktivisten keine klare Antwort auf die Frage hatten, wie ein Afghanistan ohne humanitäre Krise aussehen würde – wollten sie, dass die Taliban zum Beispiel "in Frieden" regieren? (Featherstone et al, 2004, S. 331).

2. Positive Sprache:

Zweitens haben die erfolgreichen Menschen in Wisemans Studie ihr Ziel positiv beschrieben. Wiseman sagt: "Wenn sie beispielsweise gebeten werden, die Vorteile aufzulisten, die ihnen ein neuer Job bringen würde, dann stellen sich erfolgreiche Teilnehmer vor, eine erfülltere und gut bezahlte Beschäftigung zu finden, während ihre erfolglosen Kollegen sich vielleicht auf ein Scheitern konzentrieren, das sie gefangen und unglücklich macht." (Wiseman, 2009, S. 92).

Eines der Dinge, von denen Kori sagte, dass sie für ihn anders sein würden, war: "Ich habe diese innere Stimme nicht, die mir sagt, dass ich ein Versager bin." Oft, wenn Menschen ein Ziel setzen, sagen sie, was sie nicht wollen. Im Gehirn funktioniert das nicht so gut. Das erklärte ich ihm so: "Kori, erlaube mir, dir etwas über die Funktionsweise des Gehirns zu zeigen. Denke jetzt nicht an einen blauen Baum. Verstehst du? Denke nicht an einen blauen Baum. Denke nicht an einen blauen Baum ... Nun, woran denkst du." Er lachte: "Ein blauer Baum!"

"Richtig," stimmte ich zu. "Wenn du willst, dass dein Gehirn dein Ziel erreicht, dann musst du ihm sagen, worüber es *denken soll*, und nicht, worüber es *nicht denken soll*. Wenn du ihm sagst, ‚versage nicht', dann muss es über das Versagen nachdenken, um zu verstehen, was du gerade sagst. Damit es *aufhört*, sage ihm: ‚Hole die Ergebnisse, die ich mir wünsche'."

"Okay", sagte er, "mein Ziel ist es, eine Internetseite einzurichten, die Informationen über lokale Treffen zum Thema sozialen Wandel bereitstellt. Und wenn ich auf sensorisch-spezifischer Weise daran denke, glaube ich, dass meine innere Stimme mir sagt, wie gut ich das mache ... Wow, das ist komisch. Das ist eine ganz neue Erfahrung."

In der gegenwärtigen globalen Bewegung wurde diese Änderung der Terminologie bereits diskutiert. Ein kürzlich erschienener Artikel mahnt dazu: "Die Bewegung durchläuft auch einen faszinierenden rhetorischen Wandel, da Aktivisten Begriffe wie ‚Antiglobalisierung' ablehnen, da sie betonten, was sie ablehnen, zugunsten von Slogans wie "Eine andere Welt ist möglich", die es wagen, die Möglichkeit radikal unterschiedlicher wirtschaftlicher Arrangements herauf zu beschwören. Wie würde diese andere Welt aussehen? Die Aktivisten müssen sich mit dieser Frage auseinandersetzen." (Featherstone et al, 2004, S. 314). Diese Bezeichnungen verlangen von uns, sehr unterschiedliche "interne Darstellungen" (vorgestellte Bilder, Klänge, Worte und Körperempfindungen) zu kreieren, um über sie nachzudenken. Der Begriff "Antiglobalisierung" ist ein wenig wie der Ausdruck "Denken Sie nicht an einen blauen Baum". Es erfordert vom Redner, eine interne Repräsentation der kapitalistischen Globalisierung zu machen, um sie zu verstehen. Der Begriff "eine andere Welt" erzeugt eine ganz andere innere Darstellung. Deshalb ziehen viele Menschen den Begriff "Friedensbewegung" der "Antikriegsbewegung" vor.

Sich auf Probleme und auf das zu konzentrieren, was wir nicht wollen, ist verlockend. Es fühlt sich ganz anders an, sich auf das Ziel, das Ergebnis oder die Lösung dieser Probleme zu konzentrieren. Wie wir oben erwähnt haben, zeigen Studien, dass "sich selbst gratulierende Gedanken", in denen Individuen über Erfolg nachdenken und sich selbst dafür gratulieren, dazu dienen, angemessenes Verhalten zu verstärken und Menschen zu helfen, "sich selbst und ihre Umstände besser unter Kontrolle zu bringen". (Slavik, 2003).

Basierend auf diesem Verständnis haben die Psychotherapeuten Steve de Shazer, Insoo Kim Berg und andere (Miller et al., 1996) ein Modell des Wandels entwickelt, der als lösungsorientierter Ansatz bezeichnet wird. Im Folgenden sind Beispiele für ihre Fragen, die eine Gruppe so lenken, sodass sie identifizieren können, was die Gruppenmitglieder wollen und wie sie es erhalten:

- "Wenn du dieses Problem löst, was wirst du als Ergebnis erhalten?"
- "Was muss als Resultat dieses Meetings anders sein?"
- "Was wollen wir erreichen?"
- "Was müsste passieren, damit wir das Gefühl haben, dass dieses Problem gelöst ist?"
- "Wie werden wir wissen, dass dieses Problem gelöst ist?"
- "Wenn dieses Problem gelöst ist, was werden wir tun und wie werden wir uns fühlen – verglichen mit dem, was wir früher getan und gefühlt haben?"
- "Wie wird uns dieses Meeting helfen, unsere Ziele zu erreichen?"

3. Ökologisch:

Aber Zielsetzung basiert nicht ausschließlich auf dem Denken über den idealen Zielzustand. Ein überraschendes Ergebnis der Forschung von Gabrielle Oettingen und Richard Wiseman ist auch, dass es sich lohnt, über Herausforderungen nachzudenken, denen du bei der Erreichung deines Ziels gegenüberstehst (auch wenn sich das zu diesem Zeitpunkt unangenehm anfühlen mag). Nachdem sie über die positiven Vorteile des erreichten Zieles nachgedacht hatten, haben die erfolgreichsten Teilnehmer "noch ein paar Augenblicke damit verbracht, über die Art von Barrieren und Problemen nachzudenken, denen sie wahrscheinlich begegnen werden, wenn sie versuchen, ihr Ziel zu erreichen.... sich darauf zu konzentrieren, was sie tun würden, wenn sie auf die jeweilige Schwierigkeit stoßen würden." (Wiseman, 2009, S. 101) Oettingen brachte Menschen bei, diesen Prozess zu nutzen, den sie "Doublethink" (Doppeldenken) nennt und im NLP-Bereich als "Ökologie prüfen" bekannt ist. Mit diesem Schritt konnten sie ihren Erfolg dramatisch steigern.

Ist diese neue Erfahrung für euch alle in Ordnung? Das wollte ich als nächstes in meiner Arbeit mit Kori überprüfen. Welche Konsequenzen, an die er vielleicht noch nicht gedacht hatte, könnten sich ergeben, wenn er sich ändert. Im Neurolinguistischen Programmieren (NLP) nennen wir dies "ökologisch" sein und verwenden somit eine Metapher aus den Folgen von Umweltveränderungen.
Vor der europäischen Besiedlung waren 70 Prozent Neuseelands bewaldet. Begeisterte Siedler mit mächtigen Zielen (persönlicher Reichtum, landwirtschaftlicher Lebensstil, nationaler Wohlstand usw.) haben diesen Prozentsatz auf 22 reduziert. Es ist ein beeindruckendes Beispiel für die Macht eines Traums mit einem Verfallsdatum. *Und* die größte Petition, die jemals dem neuseeländischen Parlament vorgelegt wurde, war die Maruia-Erklärung von 1977: 341.000 Neuseeländer forderten einen Stopp der Rodung der heimischen Wälder. Sie vertraten die Sorge über *die Folgen der Erreichung unserer Ziele* . Dasselbe gilt für persönliche Ziele.

Ich fragte Kori: "Was wird sich noch ändern, wenn du dieses Ziel erreichst? Welche Vorteile hast du davon, wenn du die Internet-Seite nicht hast? Inwiefern könnten diese Vorteile gefährdet sein, wenn du dich änderst?"

"Hmm", nickte er. "Ich denke, das Gefühl, dass ich immer noch an der Website arbeite, bedeutet, dass ich eine Ausrede dafür habe, mich nicht aktiver in den eigentlichen Meetings zu engagieren. Wenn ich das erreichen würde, würde ich am Ende vielleicht viel mehr Gruppenarbeit machen oder so. Das ist in Ordnung; ich muss nur herausfinden, wie viel neues Engagement ich bewältigen kann."

Ich nickte. "Das mag seltsam erscheinen, aber ich denke, es ist eine nützliche Frage: Gibt es eine Situation in deinem Leben, die von den Ergebnissen dieses Ziels unverändert bleiben soll?"

Er schüttelte den Kopf. "Ich glaube nicht. Ich denke, das Einzige wäre, dass ich nicht als der "Internet-Typ" gesehen werden möchte und mir bei Meetings nicht immer Fragen zum Internet gestellt werden!"

"Okay. Das sind also zwei Aspekte der Konsequenzen, die du in dein Ziel integrieren willst. Du willst als Aktivist und nicht als "Computer-Geek" gesehen werden, und du wirst auch einige neue Fertigkeiten lernen, um mit den Bitten anderer nach mehr Engagement deinerseits umzugehen. Stimmt das?" Er nickte.

Für soziale Aktivisten ist die Analyse der Ökologie unserer Arbeit (ihre Auswirkungen auf den Rest unseres Lebens) entscheidend, um Burnout und Erschöpfung zu vermeiden. Noam Chomsky sagt: "Schau mal, du wirst als politischer Aktivist nicht effektiv sein, es sei denn, du hast ein befriedigendes Leben. Ich meine, es kann Leute geben, die wirklich Heilige sind, aber ich habe noch nie von einem gehört. Es kann sein, dass die politischen Aktivitäten selbst so erfreulich sind, dass dies die einzigen Sachen sind, die du unternehmen willst, und du stürzt dich einfach in sie hinein. Okay, es ist ganz schön, so ein Mensch zu sein – es ist nur, dass die meisten Menschen andere Interessen haben: Sie wollen Musik hören, sie wollen einen Spaziergang am Meer machen, sie wollen den Sonnenuntergang schauen. Jeder Mensch ist zu reich und komplex, um nur mit diesen Dingen zufrieden zu sein, also musst du eine Art Gleichgewicht finden." (Chomsky, 2002, S. 354).

Eine andere Art von Ökologie-Thema ergibt sich aus den Auswirkungen von Handlungen außerhalb von uns. Oft ist eine sorgfältige Prüfung nötig, um die Folgen des gesellschaftlichen Wandels zu ermitteln. "Mohammed versuchte freundlich und tolerant zu sein", sagen Stuart Christie und Albert Meltzer, "als er verfügte, dass jeder, der einen Sklaven befreite, sich eines Platzes im Paradies sicher sein würde. Er sah nicht vor, dass seine liberale Reform bedeuten würde, dass die Sklaverei in den muslimischen Ländern lange anhalten würde, nachdem sie anderswo obsolet geworden war, denn wie sonst würde die herrschende Klasse ihren Platz im Paradies sichern?" (Christie und Meltzer, 1972, S. 117).

4. Vermehrung von Auswahlmöglichkeiten:

Man könnte auch sagen: Durch die Fragen zur Ökologie wird geprüft, ob die gefühlten Auswahlmöglichkeiten durch das Ziel zunehmen. Einige Leute hatten die Idee, dass Veränderung bedeutet, eine schlechte Alternative loszuwerden. Wer auf den Alkoholkonsum verzichten möchte, kann sich fragen: "Wie kann ich mir zum Beispiel die Möglichkeit wegnehmen, betrunken zu werden?" Stattdessen behauptet NLP, dass echte Veränderung bedeutet, gute Auswahlmöglichkeiten zu vermehren, so dass der Mensch einfach nicht auf die Idee kommen wird, die alte Wahl zu treffen. "Wie kannst du einige neue Möglichkeiten zum Entspannen und Spaß mit Menschen finden, die so aufregend sind, dass die Idee, betrunken zu werden, dich nur langweilt?" Das Gehirn wurde entwickelt, um positiv auf neue Optionen oder Alternativen zu reagieren. Es baut leicht neue neuronale Netzwerke, um neue Arten von Aktionen zu ermöglichen. Es ist ihm aber nicht leicht, alte Auswahlmöglichkeiten einfach "auszuschneiden". Jede neue Erfahrung fügt Verbindungen zwischen den Neuronen hinzu; aber alte Verbindungen werden nicht reduziert. Bei der Zielsetzung kopieren wir diese Strategie. Flexibilität ist ein wichtiger Wert im NLP.

Ich möchte überprüfen, ob Kori in erster Linie eine neue Auswahlmöglichkeit hinzugewinnt, anstatt eine alte zu vermeiden. Er könnte sich jederzeit entscheiden, an der Internetseite nicht weiterzuarbeiten; er hat nun aber einfach mehr Optionen.

Ein Aspekt des Pessimismus sozialer Bewegungen hängt mit dem Gefühl der Unvermeidlichkeit zusammen; das Gefühl, dass wir keine andere Wahl haben, als in einer bestimmten Weise zu handeln. Die erfolgreichsten Bewegungen vermehren die Anzahl an Möglichkeiten. Über das Ende der Apartheid zum Beispiel erklären Peter Ackerman und Jack Duvall: "Als es 1984 mit den Aufständen der Gemeinden konfrontiert wurde, sah das südafrikanische Regime die Apartheid-Gegner immer noch zu Unrecht als Guerillakrieger und seine eigenen Aktionen als konterrevolutionär an, so dass es die Unterdrückung als Methode wählte. Aber als Aktivisten in den Gemeinden Mietstreiks, Arbeitsstopps und Verbraucherboykotts organisierten, als afrikanische Gemeinde-Ratsmitglieder und Polizisten wegen der Zusammenarbeit mit der Regierung verurteilt wurden und Straßenkomitees öffentliche Funktionen wie Sanitär- und Strafjustiz übernahmen, machte die Bewegung an so vielen Orten so viele Dinge, dass Pretorias Strategie, wichtige Militante ‚aus dem Verkehr zu ziehen' zu keinem Erfolg führen konnte." (Ackerman und Duvall, 2000, S. 498). Über die aktuelle Weltbewegung für globale Gerechtigkeit weist Edie Yuen darauf hin, dass "Da ‚Flexibilität' nur in ‚Globalisierung' seine Rivalen als Schlagwort des Neoliberalismus findet, passt es, dass die Taktik der Bewegung so flink ist wie die Ströme des Finanzkapitals." (Yuen, 2004, S. xii).

5. Selbstinitiiert:

Erfolgreiche Zielsetzer erarbeiten, was *sie* anders machen werden, nicht nur das, was alle anderen tun sollten. Es ist entmachtend, sich Ziele darüber zu setzen, was die Regierung tun wird oder was andere Aktivisten tun werden, ohne zu ermitteln, was du tun wirst, um dies zu ermöglichen. Kori kann den ganzen Tag damit verbringen, sich zu *wünschen*, dass jemand ihn für die Einrichtung der Website bezahlen würde. Die Frage ist, was wird *er* tun, um die aktuelle Situation zu ändern.

Erfolgreiche Zielsetzer haben einen Plan. Sie überlassen ihr Ziel nicht dem "Gesetz der Anziehung" oder jemand anderem, der sie retten wird. Wiseman bemerkt: "Während erfolgreiche und erfolglose Teilnehmer vielleicht erklärt haben, dass ihr Ziel es war, einen neuen Job zu finden, waren es die erfolgreichen Leute, die schnell beschrieben, wie sie ihren Lebenslauf in der ersten Woche umschreiben wollten, und dann, dass sie sich um einen neuen Job alle zwei Wochen für die nächsten sechs Monate bewerben würden." (Wiseman, 2009, S. 91).

Eddie Yuen weist darauf hin, dass eine der Hauptursachen für Pessimismus und Ohnmacht in sozialen Änderungsbewegungen darin besteht, dass man eher an die Veränderung des Systems denkt als an die Bewegung, die diese Veränderungen herbeiführt.. "Dafür gibt es zwei Hauptgründe. Die erste ist, dass die Macht (‚*La Pouvre*', wie Dissidenten in Algerien ihr System so prägnant beschreiben) den oppositionellen Kräften niemals zuschreiben wird, Ursache für ihre Zugeständnisse oder Niederlagen zu sein. Die zweite ist, dass die Bewegung diese Erzählung verstärkt, indem sie die reformistischen oder rhetorischen Siege, die sie *tatsächlich* errungen haben, verachtet, da ihre Macht aus ihrem kompromisslosen Ehrgeiz resultiert, die Welt *radikal* zu verändern. Die daraus resultierende Entfernung des populären Kampfes aus der Geschichte hat viele zu der Annahme veranlasst, dass alle Arbeitsgesetze, Bürgerrechte und Umweltschutz spontan von wohlwollenden Eliten nach nachdenklicher Überlegung gewährt wurden." (Yuen, 2004, S. xxiv). Ein weiterer Rahmen, der die gleiche Entmachtung schafft, ist die Verschwörungstheorie, wo Aktivisten des sozialen Wandels davon überzeugt werden, dass die Geschichte von einer geheimen Intrige böser Herrscher gestaltet wird. Yuen fährt fort: "Die Neigung, monokausale Erklärungen zu suchen, führt zu schwachen Argumenten, die wiederum einige Aktivisten in die sicheren Häfen sektenhafter Dogmen oder Verschwörungstheorien locken könnten.... Die Geschichte wird weder von großen Menschen noch von "Übeltätern" gemacht, und es liegt an der Bewegung, eine Alternative zum apokalyptischen Dualismus zu bieten, der die Welt zur Zeit verschlingt." (Yuen, 2004, S. xxi).

6. Erster Schritt identifiziert und erreichbar:

Wie oft hat dir ein Zigarettenraucher gesagt, dass er nächstes Jahr das Rauchen aufgeben wird? Es ist ein großes Ziel, aber was die Raucher brauchen, sind kleine, erreichbare Schritte auf dem Weg. Wenn jemand ein Ziel setzt, frage ich ihn immer: "Was für einen kleinen ersten Schritt wirst du heute machen?" Kori könnte eine Liste aller aktuellen Treffen zusammenstellen, die er auf seiner Website präsentieren möchte. Er könnte allen Gruppen eine E-Mail senden, um nach Beschreibungen ihrer Aktivitäten zu fragen. Er könnte zehn andere Seiten untersuchen, die eine ähnliche Funktion im Internet erfüllen, für weitere Ideen. Er könnte die Grafiken sammeln, die er verwenden möchte. Er könnte den Domainnamen kaufen, den er für die Website verwenden wird.

Wiseman fand, dass es besonders wichtig war, das Ziel in kleine Schritte aufzuteilen und einen Schritt nach dem anderen anzugehen. "Erfolgreiche Teilnehmer haben ihr übergeordnetes Ziel in eine Reihe von Teilzielen aufgeteilt und damit einen Schritt-für-Schritt-Prozess geschaffen, der dazu beitrug, die Angst und das Zögern zu beseitigen, die oft mit dem Versuch verbunden sind, eine große Lebensveränderung zu erreichen." (Wiseman, 2009, S. 90-91).

Ein weiterer Grund für den entmachtenden Pessimismus in Bewegungen des gesellschaftlichen Wandels ist die Alles-oder-Nichts-Besessenheit mit dem "ultimativen Ziel", dem "Ende der Geschichte", der "großen Revolution". Bill Moyer stellt sein MAP-Modell vor und erklärt es so: "Soziale Bewegungen gewinnen nicht von heute auf morgen. Erfolgreiche soziale Bewegungen entwickeln sich in der Regel durch eine Reihe von acht klar definierbaren Stadien, in einem Prozess, der oft Jahre oder Jahrzehnte dauert. Das Acht-Stufen-Modell des Bewegungs-Aktionsplans ermöglicht es Aktivisten, die bestimmte Phase zu identifizieren, die ihre soziale Bewegung erreicht hat, Erfolge zu feiern, die durch das Abschließen früherer Phasen erzielt wurden, und effektive Strategien, Taktiken und Programme zu entwickeln, um die aktuelle Phase erfolgreich abzuschließen und zur nächsten überzugehen.

Während sie diesen Prozess verfolgen, sind die Aktivisten in der Lage, Strategien zu entwickeln, um kurzfristige Ziele zu erreichen, die Teil der langfristigen Entwicklung zu ihrem ultimativen Ziel sind." (Moyer, et alia, 2001, S. 42). Die Phasen, die Moyer auflistet sind:

1) Die Öffentlichkeit ist sich des Widerspruchs zwischen weit verbreiteten positiven Werten und den schädlichen Ergebnissen des gegenwärtigen Systems überhaupt nicht bewusst.
2) Oppositionsgruppen tauchen auf und beginnen mit der Forschung, um zu beweisen, dass ein Problem existiert, und versuchen, akzeptierte Kanäle des Wandels zu nutzen, um es zu lösen.
3) Die öffentliche Anerkennung und Besorgnis über das Problem wächst, und vielleicht versteht die Öffentlichkeit die negativen Auswirkungen der gegenwärtigen Strukturen oder Politiken.
4) Auslösende Ereignisse führen zu dramatischen gewaltfreien Kampagnen, die zunehmend die Ungerechtigkeit der gegenwärtigen Situationen entlarven.
5) Die Zahl der an der Kampagne beteiligten Teilnehmer sinkt, da die Ziele noch nicht erreicht sind. Die Frustration über das Scheitern provoziert schärfere Proteste sowie anhaltende gewaltlose.
6) Wiederkehrende Ereignisse schaffen eine mehrheitliche Unterstützung für die Bewegung. Machtstrukturen stellen die von der Bewegung vorgeschlagenen Lösungen als gefährlich für die soziale Stabilität dar.
7) In den Reihen der Machthaber entstehen Spaltungen, wenn es um die Frage geht, wie man reagieren soll. Minimale Reformen werden abgelehnt, während die Bewegung überwältigende Unterstützung erhält, und neue Gesetze und Institutionen entstehen.
8) Die Bewegung beschäftigt sich mit Gegenreaktionsfeindlichkeit durch alte Machthaber, und aus der neuen Situation entstehen neue Probleme.

Erfolgreiche Aktivisten scheinen diesen Zyklus zu verstehen. Lass mich ein Beispiel dafür geben. Im Jahr 1891 ging die Kampagne, um neuseeländischen Frauen das Wahlrecht zu verleihen, ins Parlament. Sie wurde im Legislativrat mit 17 gegen 15 Stimmen abgelehnt. Die bekannteste Aktivistin der Bewegung, Kate Sheppard, hätte im Magazin der Wahlbewegung sagen können, dass dies bedeutete, dass ihre ganze Arbeit gescheitert war. Stattdessen schrieb sie "... unsere vorübergehende Niederlage wird dazu führen, dass alle, die ernsthaft diese Reform durchführen wollen, zu mehr Eifer und Energie angespornt werden, damit die Mehrheit im Repräsentantenhaus in der nächsten Sitzung so groß sein kann, dass der Legislativrat den Gesetzentwurf nicht wieder verwerfen wird." (Devaliant, 1992, S. 71). Sheppard hatte festgestellt, dass sich ihre Bewegung erfolgreich durch Moyers 5. Etappe bewegte, während andere der Verzweiflung nachgegeben hatten, die diese Phase oft erzeugt.

7. Deine Ressourcen identifiziert:

Während er an jede der vorhandenen Möglichkeiten für einen ersten Schritt denkt, identifiziert Kori auch die Ressourcen, die er ändern muss. Zu diesen Ressourcen gehören:

- Unterstützungssysteme: Menschen, die ihm Ermutigung sowie Ressourcen geben können (vielleicht Leute aus den Gruppen, die seine Website fördern wird).
- Informationsquellen (in diesem Fall, eingeschlossen der Gruppen, deren Aktivitäten er fördern wird).
- Zeit und Geld die verfügbar sind, die er in die obengenannten Dinge investieren kann.
- Strategien, die für ihn in anderen Situationen funktionieren, in denen er etwas erreichen will (Wie er morgens aufsteht, seine Zeit verwaltet, sich selbst inspiriert und so weiter).
- Vorbilder (in diesem Fall Entwickler anderer Internetseiten, die sich auf den sozialen Wandel konzentrieren), die über die Fähigkeiten verfügen, die er sich wünscht.

Vor dem UN-Verbot für den Einsatz von Treibnetzen auf hoher See im Jahr 1992 starben jedes Jahr Hunderttausende Wale und Delfine in diesen Netzen. Fischer töteten Delfine massenhaft, weil sie glaubten, dass die Delfine mit ihnen um ihren Fang konkurrierten, aber Sprecher der Fischereiindustrie bestritten immer wieder, dass das Gemetzel stattfand. Als der Biologe Sam LaBudde von der Delphinschlachtung erfuhr, beschloss er, alles zu tun, um das Schlachten zu stoppen. Das Problem war, dass seine persönlichen Ressourcen gering schienen, und niemand in der Lage war, die dokumentarischen Belege zu liefern, um zu beweisen, dass es ein Problem gab. Ein 1975 gedrehter 35.000-Dollar-Film von Stan Minasian hatte kaum Wirkung, weil es an Videobeweisen fehlte.

Im Jahr 1988 gab Sam LaBudde für eine Videokamera 300 Dollar aus. Das war alles, was er hatte. Er fuhr über die Grenze nach Mexiko und schaffte es, vom Besitzer eines panamaischen Fischerbootes als Koch angeheuert zu werden. Einmal an Bord, filmte er heimlich die Delphinschlachtung. LaBuddes Aufnahmen lieferten den ersten grafischen Beweis dafür, dass der Thunfischfang wahllos Delfine schlachtete. LaBudde sagte vor dem Kongress der Vereinigten Staaten aus, und die Aufnahmen wurden im nationalen Fernsehen gezeigt, was im ganzen Land Empörung auslöste. In den folgenden Monaten arbeitete LaBudde mit dem Earth Island Institute und dem Marine Mammal Fund zusammen, um den erfolgreichsten Verbraucherboykott in der Geschichte der USA zu starten. Im Frühjahr 1990 einigten sich die drei großen Thunfischmarken darauf, nur delphinsicheren Thunfisch zu verarbeiten, was zu einer 95-prozentigen Reduzierung der Delphintötungen führte. Monate später kehrte LaBudde aufs Meer zurück, diesmal um den Einsatz von Treibnetzen im offenen Ozean zu dokumentieren, eine zerstörerische Fangmethode mit Netzen von 50 bis 60 Kilometern Länge. Mit diesem Videofilm führte LaBudde eine Kampagne an, die 1992 zu einer Resolution der Vereinten Nationen führte, die die Verwendung von Treibnetzen verbot (Wallace und Gancher, 1993, S. 37-60).

Sam LaBuddes Geschichte zeigt seine unglaubliche Kreativität mit den minimalen externen Ressourcen (z.B. Geld), die er hatte. Beachte, dass jeder Schritt auf dem Weg zu seinem Ziel zu einer anderen Art von Ressource wurde. Sein Gefühl, Dinge erreichen zu können, sein Gefühl der Zuversicht, dass das, was er tut, funktionieren kann, wuchs die ganze Zeit. Diese Art von internen Ressourcen ist noch wichtiger als die externen Finanzen und die Anzahl der beteiligten Personen, um den Erfolg zu bestimmen.

Alle Resultate sind Feedback

Wenn du Maßnahmen in Richtung deines Ziels ergreifst, erhältst du immer Ergebnisse. Du erhältst vielleicht nicht immer das Ergebnis, das du erwartet hast, aber du erhältst immer ein Ergebnis. Wenn du darauf achtest, ob dein Ergebnis das ist, was du wolltest, dann wirst du aus jedem Ergebnis lernen. Schließlich brauchst du die Flexibilität, etwas anderes zu tun, wenn du nicht das bekommst, was du willst.

In diesem System gibt es keinen Fehler. Wenn ein Boot von Christchurch, Neuseeland nach Sydney, Australien fährt und der Kapitän entdeckt, dass die Winde sie weiter nördlich nach Brisbane getrieben haben, was macht er dann?

Nimmt er das als Beweis, dass das Schiff eine Fehlkonstruktion ist und versenkt daher das Boot? Auf keinen Fall. Er nutzt das Feedback, um den Kurs zu korrigieren. Thomas Edison erfand 1893 verschiedene Geräte in seinem Leben, einschließlich des elektrischen Lichts und der Batterie. Bei dem Versuch, etwas zu finden, das Strom in einer Batterie speichern würde, verwendete er erfolglos rund 10.000 Substanzen. Als ihm ein Freund sagte, dass es schwer sein muss, so oft zu scheitern, erklärte Edison: "Also, ich habe nicht versagt. Ich habe gerade 10.000 Wege gefunden, die nicht funktionieren."

Bill Moyer weist darauf hin, dass das Modell des Scheiterns in der Geschichte der Bewegungen des sozialen Wandels sehr mächtig war. Er plädiert dafür, Erfolge zu feiern und Feedback zu würdigen. Er sagt: "Zum Beispiel war 1982 der Stopp des Einsatzes der Cruise- und Pershing-2-Atomraketen in Europa das oberste Ziel der amerikanischen Friedensbewegung. Damals schien dieses Ziel äußerst wichtig, aber schwer zu erreichen. In den nächsten Jahren verfolgte die Bewegung noch größere Ziele, die als noch wichtiger erachtet wurden, einschließlich eines Einfrierens der Herstellung aller Atomwaffen. Als Reagan und Gorbatschow 1986 den INF-Vertrag unterzeichneten und damit die Stationierung von Cruise- und Pershing-2-Atomraketen in Europa beendeten, bemerkte dies die amerikanische Bewegung kaum. Am nächsten Tag sagte ein Aktivist im ‚Nuclear Freeze' Büro in San Francisco zu mir: "Was gibt es zu feiern? Sie bauen fünf Atombomben pro Tag."

Erfolgreiche Zielsetzer feiern Ergebnisse. Lass mich dir ein weiteres Beispiel geben. Kate Dewes ist Lehrerin aus Christchurch, Neuseeland. Während sie Bilder aus dem Friedensmuseum in Hiroshima betrachtete, setzte Dewes ein Ziel, das den Lauf ihres Lebens veränderte. Im Jahr 1979 begann sie mit dem pensionierten Richter Harold Evans und anderen zusammenzuarbeiten, um den Internationalen Gerichtshof der Vereinten Nationen (‚Weltgerichtshof') dazu zu bringen, Nuklearwaffen für illegal zu erklären. Im Jahr 1991 gründete sie mit ihren Kollegen das ‚World Court Project' (Projekt Weltgerichtshof) mit Niederlassungen auf der ganzen Welt. Ihr größtes Problem war, dass nur Organisationen der Vereinten Nationen und Mitgliedsstaaten in der Lage sind, einen Fall vor das Weltgericht zu bringen.

Der Durchbruch kam, nachdem Dewes sich mit neuseeländischen Ärzten traf, die an den Internationalen Ärzten zur Prävention des Atomkrieges (IPPNW) beteiligt waren. Gemeinsam fanden Dewes, Dr. Erich Geiringer und Dr. Robin Bryant einen neuen Weg hinein in die Vereinten Nationen. Sie begannen, die

Regierungen zu drängen, die Angelegenheit bei der Weltgesundheitsorganisation als Gesundheitsproblem anzusprechen. Nachdem sie die ukrainische Botschaft in London besuchten, erklärte sich die Ukraine (wo Tschernobyl liegt) bereit, sie zu unterstützen. Weitere Länder folgten. Auf der Jahrestagung der Weltgesundheitsorganisation (WHO) im Jahr 1993 wurde eine Resolution vorgeschlagen, in der der Weltgerichtshof aufgefordert wird, die Rechtmäßigkeit von Nuklearwaffen zu prüfen. WHO stimmte mit 73 zu 40 Stimmen für diese Resolution.

Die WHO-Entscheidung sorgte für große Wellen, so dass das World Court Project bis zum nächsten Jahr die Zustimmung der "Non-Aligned Movement" (einer lockeren Gruppierung von 111 der 185 Mitgliedsstaaten der Vereinten Nationen) erhielt. Dieser Fall wurde bei den Vereinten Nationen selbst vorgestellt und schließlich an den Weltgerichtshof verwiesen. Kates World Court Project führte nun hinter den Kulissen eine riesige Kampagne durch. Sie sammelte fast vier Millionen Gewissenserklärungen in vierzig verschiedenen Sprachen und drängte auf Unterstützung für das Projekt. Sie setzte sich bei jeder Regierung in der Welt ein und forderte sie nicht nur auf, das Ziel zu unterstützen, sondern dankte ihnen, wann immer sie dies taten. Am 8. Juli 1996 erklärte der Internationale Gerichtshof, dass die Bedrohung oder der Einsatz von Kernwaffen "im Allgemeinen gegen die Regeln des Völkerrechts" verstoße. Die Auswirkungen dieser Entscheidung sind enorm. Der Großteil der Welt weiß immer noch nicht, was Kate Dewes und ihre Freunde erreicht haben. So ist es beispielsweise nach den Grundsätzen, die die Vereinten Nationen während der Nürnberger Prozesse gegen NS-Kriegsverbrecher festgelegt haben, richtig, wenn sich jeder Bürger gegen staatliche Maßnahmen stellt, die gegen die Regeln des Völkerrechts verstoßen. (Dewes, 1998).

Kate Dewes Erfolg hing von ihrer Fähigkeit ab, sich ein klares Ziel zu setzen. Als sie herausfand, dass es für Einzelpersonen unmöglich war, Fälle vor das Weltgericht zu bringen, betrachtete sie dieses nicht als Rückschlag. Es war nur Feedback, das sie wissen ließ, was sie als nächstes tun musste.

Interdependenz: Virginia Satirs Beispiel

Einer der Kritikpunkte am Zielesetzen ist, dass sich die Menschen nur auf ihre eigenen Ressourcen konzentrieren und dadurch die Unterstützung anderer vernachlässigen. Wenn wir zu den Wurzeln des NLP zurückkehren, haben wir in der Praxis von Virginia Satir ein hervorragendes Modell, wie wir darüber hinausgehen können. Das erste NLP-Modell (das Metamodell) wurde durch die Erforschung Satirs Arbeit als Sozialarbeiterin in Familien entwickelt (Grinder und Bandler, 1975). Satir ist ein großartiges Beispiel dafür, wie man in gegenseitiger Abhängigkeit anderer Menschen arbeiten kann und nicht nur in Isolation von ihnen. "Vor einigen Jahren habe ich einen Auftrag in einem südlichen Landkreis übernommen, um mit Sozialhilfeempfängern zu arbeiten." Sie erklärt (Satir, 1993, S. 204-206): "Ich wollte zeigen, dass alle Menschen die Fähigkeit haben, selbstständig zu sein, und alles, was wir tun müssen, ist, diese Menschen zu aktivieren. Ich bat den Landkreis, eine Gruppe von Menschen auszuwählen, die vom Gemeinwohl abhängig waren, Menschen aus verschiedenen Rassengruppen und verschiedenen Familienkonstellationen. Ich würde mich mit ihnen dann jeden Freitag drei Stunden lang als Gruppe treffen." Satir fragte jeden Menschen, was seine Träume waren und was ihnen im Weg stand, sie zu realisieren. "Eine Frau erzählte, dass sie immer Sekretärin werden wollte... Sie sagte: "Ich habe sechs Kinder, und ich habe niemanden, der sich um sie kümmert, während ich weg bin." "Schauen wir, was da möglich ist", sagte ich. "Gibt es jemanden in dieser Gruppe, der sich um sechs Kinder für einen oder zwei Tage pro Woche kümmern würde, während diese Frau hier die Berufsschule besucht?"

Die Ergebnisse waren dramatisch. Satir berichtet: "Jeder hat etwas gefunden... Die Frau, die die Kinder aufgenommen hat, wurde eine lizenzierte Pflegeperson. In 12 Wochen konnte ich alle diese Menschen von der öffentlichen Wohlfahrt unabhängig machen. Das habe ich nicht nur einmal gemacht. Ich habe es schon oft getan." Indem Satir ihren Bedarf an gegenseitiger Unterstützung erkannte, demonstrierte sie ihre Fähigkeit, den sozialen Kontext, in dem ihre Probleme aufgetreten sind, zu ändern und damit ihre Probleme zu lösen. Ihre Intervention mit dieser einen Frau veränderte beispielsweise fast alle Faktoren, die denen bei Frauen mit Depressionen (siehe oben) entsprechen. Satir erklärt insbesondere zu Geschlechterthemen: "Ich betrachte das entstehende Gleichgewicht zwischen Frauen und Männern als so erschütternd wie die Entdeckung, dass die Welt rund statt flach ist." (Satir, 1988, S. 379).

Beachte, dass es Satirs Ziel war, zu zeigen, dass Menschen unabhängig sein können. Für sie beinhaltete diese Unabhängigkeit, dieses „Ursache sein“ in ihrem Leben, jedoch auch ihr soziales Handeln und ihre Bitten um Hilfe untereinander. Sie fördert die gegenseitige Abhängigkeit und nicht die isolierte Unabhängigkeit.

Arten des sozialen Wandels und Rapport

Nachdem du ein klares Ziel für den sozialen Wandel formuliert hast, welche Maßnahmen ermöglichen es dir, dieses Ziel zu erreichen? Die Antwort hängt teilweise von deinen eigenen einzigartigen Stärken und Fähigkeiten ab. Der Theoretiker des sozialen Wandels, Bill Moyer, hat vorgeschlagen: "Es gibt vier verschiedene Rollen, die Aktivisten und soziale Bewegungen spielen müssen, um erfolgreich gesellschaftliche Veränderungen zu schaffen; *Bürger, Rebell, Agent des Wandels* und *Reformer*. Jede Rolle hat unterschiedliche Zwecke, Stile, Fertigkeiten und Bedürfnisse, und kann effektiv oder ineffektiv gespielt werden... Sowohl einzelne Aktivisten als auch Organisationen müssen verstehen, dass soziale Bewegungen *alle vier Rollen* benötigen und dass die Teilnehmer und ihre Organisationen je nach ihrer eigenen Zusammensetzung und den Bedürfnissen der Bewegung wählen können, welche sie spielen möchten." (Moyer, 2001, S. 21).

Bürger betrachten den notwendigen gesellschaftlichen Wandel als eine Möglichkeit, die wahren, zugrunde liegenden Werte, zu denen sich die Gesellschaft bereits verpflichtet hat, vollständiger zum Ausdruck zu bringen. Sie fühlen sich als Teil ihrer Gesellschaft. Sie beschreiben ihren Aktivismus als eine Möglichkeit, ein guter Bürger zu sein und die wahren Bedürfnisse ihrer Gesellschaft zu unterstützen. Sie fordern die Gesellschaft auf, sich von den Dingen zu entfernen, die nicht wirklich zu ihren eigenen höchsten Idealen passen. So beschrieb der afroamerikanische Aktivist Martin Luther King sein Ziel, "den amerikanischen Traum zu erfüllen und nicht zu zerstören". (Zitiert in Moyer, 2001, S. 11).

Rebellen ergreifen Maßnahmen, um von schädlichen sozialen Systemen zu entkommen. Sie fordern die Gesellschaft direkt heraus. Sie beschreiben ihren Aktivismus als eine Möglichkeit, Ungerechtigkeit und Leid zu beseitigen. Oft kritisch gegenüber sowohl der etablierten Gesellschaft als auch utopischen oder reformistischen Plänen für eine neue Gesellschaft fordern sie die Gesellschaft auf, sich damit zu konfrontieren und das aufzugeben, was falsch ist. Der Wiederaufbau folgt später. Der anarchistische Revolutionär Michael Bakunin erklärte einen zentralen Wert der Rebellen, als er sagte: "Der Drang zu zerstören ist auch ein kreativer Drang."

Agenten des Wandels organisieren und beteiligen sich an Gemeinschaftsaktionen, die als eine alternative Bewegung oder eine lautstarke Oppositionsbewegung gegen die etablierten Sozialsysteme gelten. Sie fordern die Gesellschaft auf, eine neue Gesellschaftsordnung zu schaffen und sehen ihre Bewegung als Kern dieser neuen Ordnung. Die Schöpfer der ursprünglichen Sowjets (Arbeiterräte) in Russland und die Kollektive in der spanischen Revolution waren Agenten des Wandels.

Reformer arbeiten innerhalb der Mainstream-Systeme, um die Ziele der Bewegung konkret zum Ausdruck zu bringen. Sie sehen den gesellschaftlichen Wandel als einen Prozess, um Regierungen, kommunale Agenturen und Unternehmen davon zu überzeugen, neue Systeme in die Praxis umzusetzen. Sie arbeiten mit bestehenden Agenturen zusammen, um das Neue zu bauen. Die neuseeländische Suffragette Kate Sheppard beschrieb ihre Arbeit so.

Am 1. Dezember 1955 wurde die Afroamerikanerin Rosa Parks in Montgomery, Alabama, verhaftet, weil sie sich weigerte, ihren Sitzplatz im Bus für einen weißen Passagier aufzugeben. 381 Tage lang boykottierten die 50.000 schwarzen Einwohner von Montgomery die Busse, bis das Oberste Gericht der Vereinigten Staaten die Gesetze zur Segregation in Alabama kippte. Bill Moyer weist darauf hin, dass in einer solchen Kampagne alle vier seiner MAP-Rollen ins Spiel kommen. "Der Boykott nutzte effektiv alle vier MAP-Rollen. Die Bürger befanden sich in den weit verbreiteten Werten der Demokratie und Freiheit des Landes, und ihre Forderungen basierten auf den Zivilrechten, die durch die US-Verfassung garantiert wurden. Viele der Bürger waren in der christlichen Kirche verankert, die von der großen Mehrheit der Weißen in Montgomery und im Mainstream-Amerika verehrt wurde. Die Rebellen haben mit der gewaltlosen Busboykottkampagne auf die Bewegung aufmerksam gemacht. Die gesamte schwarze Gemeinde Montgomery erfüllte die Rolle des Agenten des sozialen Wandels durch ihre Beteiligung an Boykott, Massentreffen und Fahrgemeinschaften. Schließlich siegten die Reformer durch das Gerichtsverfahren, das vom Obersten Gerichtshof der Vereinigten Staaten positiv entschieden wurde." (Moyer, 2001, S. 120).

Wie Moyer bemerkt, liegen unterschiedliche Persönlichkeitsstile hinter den unterschiedlichen Rollen der sozialen Veränderungen. Die Untersuchung der Funktionsweise des Gehirns hat NLP-Entwickler dazu gebracht, eine Reihe wichtiger Persönlichkeitsunterschiede oder "Metaprogramme" zu identifizieren, die häufig unter Menschen auftreten. „Meta“ bedeutet über oder jenseits, und Metaprogramme sind Programme oder Strategien, die über unser tägliches Verhalten und unsere Strategien hinausgehen. Im NLP wurden über 50 solcher Metaprogramme erfasst (Bodenhamer und Hall, 1997). Ich glaube, dass zwei davon von entscheidender Bedeutung sind, wenn man die vier

Rollen des gesellschaftlichen Wandels verstehen will. Diese zwei relevanten Metaprogramme sind:

- Gleichheit (Matching) vs. Unterschied (Mismatching)
- Hin-zu vs. Weg-von

Hier ist eine Tabelle, die die Beziehung dieser Metaprogramme zu den Rollen des sozialen Wandels zusammenfasst.

Reformer entsprechen Mainstream-Systemen und dann führen sie zu neuen Gesetzen etc.	**Matching**	**Bürger** entsprechen Mainstream-Werten und distanzieren sich von Ergebnissen, die ihnen nicht entsprechen.
Hin zu	⟷	**Weg von**
Agenten des Wandels stimmen mit Mainstream-Systemen nicht überein und bewegen sich zu neuen Systemen hin.	**Mis-matching**	**Rebellen** stimmen mit Mainstream-Systemen überhaupt nicht überein und drängen die Gesellschaft von solchen Systemen ab.

Gleichheit und Unterschied

Wenn Menschen auf die Welt achten, können sie meist entweder Gleichheiten oder Unterschiede bemerken. Menschen, die Gleichheiten bemerken („Matcher“), mögen es, wenn die Dinge gleichbleiben. Sie stimmen lieber mit anderen Menschen überein. Reformer und Bürger neigen zur Übereinstimmung. Menschen, die eher Unterschiede bemerken („Mismatcher“), mögen Änderung, und möchten Unterschiede mit anderen Menschen klären. Agenten des Wandels und Rebellen neigen dazu, Unstimmigkeiten anzuwenden. Für den Gleichheitsmensch ist ein Freund jemand, der seine Ansichten teilt und Dinge zusammen mit ihm und auf die gleiche Weise macht, wie er sie macht. Für den Unterschiedsmensch ist ein Freund jemand, der ihm sagt, "wie er dazu steht", sein Leben für neue Dinge öffnet und seine Einzigartigkeit respektiert. Anhand von NLP-Fragebögen haben wir festgestellt, dass der größte Teil der Bevölkerung Gleichheiten identifiziert und dann die Ausnahmen oder Unterschiede innerhalb jeder Gleichheit bemerkt (d. h. sie befinden sich in der Mitte des Kontinuums).

Bestimmte Karrieren (z. B. das Militär, empathische Beratung, Fabrikprozessarbeit und Krankenpflege) fördern die Aufmerksamkeit auf Gleichheit. Andere Karrieren (wie Buchhaltung, juristische Arbeit, Qualitätskontrolle, Universitätsvorlesungen und politischer Aktivismus) fördern die Aufmerksamkeit auf Unterschiede. Menschen, die sich hauptsächlich nach Unterschied sortieren, sind interessiert, wenn ein Projekt als "revolutionär", "neu", "völlig einzigartig", "ungeahnt" und "eine komplette Wende" beschrieben wird. Menschen, die nach Gleichheit sortieren, bevorzugen Projekte, die als "bewahrend", "identisch im Stil" und "wie frühere Projekte" beschrieben werden. Menschen, die nach Gleichheit sortieren und dann die Ausnahmen davon bemerken, werden Projekte genießen, die als "besser", "fortgeschrittener", "erweitert", "eine Weiterentwicklung" beschrieben werden.

Um herauszufinden, ob jemand hauptsächlich auf Unterschiede oder Gleichheiten im Kontext seiner politischen Arbeit achtet, könntest du sie fragen: "Wie vergleichst du deine Arbeit in diesem Jahr mit deiner Arbeit im letzten Jahr?" In ihrem häuslichen Kontext könntest du fragen: "Wie vergleichst du das Heim, indem du jetzt lebst, mit dem letzten Heim wo du früher gewohnt hast?" Es gibt drei mögliche Hauptergebnisse zu solchen Fragen:

1) Gleichheit: Es ist genau das Gleiche.
2) Gleichheit mit Ausnahme: Es gibt eine Menge Ähnlichkeit, aber einiges ist anders geworden.
3) Unterschied: Es ist komplett anders. ODER Was meinst du mit „vergleichen"?

Im Kontext des gesellschaftlichen Wandels sind Bürger und Reformer gleichheitsfokussiert. Rebellen und Agenten des Wandels sortieren hauptsächlich nach Unterschieden. Wie kann man diese beiden unterschiedlichen Persönlichkeitstypen dazu bringen, in einer Gruppe zusammenzuarbeiten? Es gibt mehrere Dinge, die du tun kannst, um anderen zu helfen, ihr Verhaltensmuster besser für sie arbeiten zu lassen, zum Beispiel:

Um mit Gleichheitsmenschen zu arbeiten:

- Erstelle Marker der Vertrautheit in Änderungsprozessen für Gleichheitsmenschen. Zeige ihnen, wie sie erkennen können, was im Laufe der Änderungen gleichbleiben oder beibehalten wird.

- Gib den Gleichheitsmenschen die Aufgabe, laufende Prozesse zu überwachen, die für die Stabilität erforderlich sind, und das zu ermitteln, was bereits funktioniert.

Um mit Unterschiedsmenschen zu arbeiten:

- Für Unterschiedsmenschen baue Kontraste und Variationen in jede sich wiederholende Aufgabe.
- Gib Unterschiedsmenschen die Aufgabe, Fehler zu identifizieren und neue Ideen zu entwickeln.
- Gib Unterschiedsmenschen etwas, dem sie widersprechen können, die aber die Dinge stabil bleiben lassen, die du stabil halten willst.
- Bitte Unterschiedsmenschen, eine Entscheidung von der anderen Seite zu betrachten, indem du Phrasen nutzt wie: "Vielleicht willst du es auf diese neue Weise **nicht** machen?" "Es ist eine gute Idee, **denkst du nicht**?"
- Verwende Wörter wie "müssen" bei Unterschiedsmenschen **nicht**, es sei denn, du willst, dass sie widersprechen. Verwende lieber "könnten".

Der Vorteil des Mismatchings

Ein Großteil des gesellschaftlichen Wandels hängt von der Fähigkeit zum Mismatching ab. Wie George Bernard Shaw 1903 in seinem Werk "Maximen für Revolutionäre“ sagte: "Der vernünftige Mensch passt sich der Welt an; der Unvernünftige beharrt darauf, die Welt an sich selbst anzupassen. Daher hängt jeder Fortschritt von dem unvernünftigen Menschen ab." (Shaw, 1980). Eddie Yuen argumentiert in einem Absatz über "Die Macht des negativen Denkens" in der Globalisierungsbewegung: "Es ist wichtig für die Bewegung, die mächtige Haltung der Ablehnung nicht aufzugeben... Die Bewegung hat bisher dazu beigetragen, eine Krise in der bejahenden Ideologie der kapitalistischen Globalisierung (z.B. das Mantra, dass die Marktdemokratie das "Ende der Geschichte" darstellt) herbei zu führen, indem sie eine weitgehend "negative" Position beibehalten hat – "ein Nein, viele Jas".

Der Vorteil des Matchings

Es gibt einen wichtigen Effekt des Matchings, der den Mitgliedern der Gruppen sozialen Wandels zugutekommt, wenn sie es verstehen. Matching ist die Grundlage für die Zusammenarbeit innerhalb einer Gruppe, denn Matching ist das, was "Rapport" schafft. Rapport ist das Gefühl, dass es etwas gibt, das einen Menschen mit einem anderen verbindet, dass diese Menschen auf der gleichen Wellenlänge sind, dass sie einer Meinung sind. Es ist das Gefühl des gemeinsamen Verständnisses, das zwischen alten Freunden oder Liebhabern besteht. Wenn du enge Freunde, dauerhafte Intimität, ein liebevolles Familienleben, kooperative Arbeitsbeziehungen und die Fähigkeit, andere positiv zu beeinflussen will ... dann ist Rapport das wonach du suchst.

Trotz der Tatsache, dass viele Menschen ihr ganzes Leben damit verbracht haben, Rapport zu suchen, ist Rapport *einfach* aufzubauen. Es gibt nur eine Sache, die du tun musst: in einer Form kommunizieren, die der des Menschen, mit dem du gerade kommunizierst, ähnelt. Rapport ist das Ergebnis des Matchings! Wenn deine Botschaften die des Gesprächspartners "pacen" (im gleichen Takt gehen) oder "matchen", wird er tatsächlich eher bereit sein, deine Vorschläge zu akzeptieren und deinem Beispiel zu folgen. Es gibt eine Reihe von Dingen, die du machen kannst, um dem Verhalten des Gegenübers zu entsprechen, und somit die Chancen zu erhöhen, in ihm dieses Gefühl des Rapports zu erzeugen.

1. **Stimme**. Du kannst Lautstärke, Geschwindigkeit, Ton (hoch oder niedrig) und Timbre (individuelle Qualität, wie rau oder sanft) deiner Stimme anpassen, wenn du mit jemandem sprichst. Du kannst auch genau auf die Wörter achten, die der Gesprächspartner verwendet, und ähnliche Formulierungen nutzen. Wenn jemand ein Problem hat und darüber spricht, wie düster das Leben ist, spreche ich über seine Suche nach dem Licht am Ende des Tunnels. Wenn jemand darüber spricht, wie festgefahren er ist, erkunde ich, wie er seine Lage lockern kann und sich davon losreißen kann.
2. **Blickkontakt.** Hast du schon einmal zwei Leute sprechen sehen und bemerkt, dass beide an der gleichen Stelle auf dem Boden starren? Sie sind in Rapport. Wenn du deine Augen verwendest, um ähnlich wie dein Gesprächspartner zu gestikulieren, wird das dir helfen, die gleiche Art von innerer Erfahrung nachzuempfinden, die er gerade spürt. Halte Blickkontakt nur insoweit dies ihm angenehmen ist. Das ist kulturell unterschiedlich. In Neuseeland Maori und pazifischen Kulturen, zum Beispiel, wird Blickkontakt weit weniger als in europäischen Kulturen verwendet.
3. **Gesten und allgemeine Körperhaltung**.
4. **Atmung**. Die Koordination deiner Atmung mit jemand anderem ist eine sehr tiefgreifende Methode, die zum Rapport führen kann. Und doch ist das auch etwas, was du schon oft getan hast. Wenn zwei Menschen zusammen im selben Raum schlafen, werden ihre Atmungen natürlich

synchronisiert. Wenn du mit jemandem im gleichen Takt atmest und dann allmählich deine Atmung verlangsamst, wird der andere Mensch dazu neigen, seine auch zu verlangsamen. Viele Eltern haben gelernt, ihre Kinder mit dieser Art von Rapport zum Einschlafen zu bringen. Indem sie sich neben das Kind legen und allmählich die Atmung verlangsamen, verlangsamen sie die Atmung des Kindes, bis der Schlaf beginnt.

Du bist bereits ein Experte im Rapport. Du hast deine erste Sprache gelernt, indem du dich beim Sprechen *perfekt* der Art und Weise angeglichen hast, wie deine Eltern und Betreuer gesprochen haben. Du hast das so gut gemacht, dass du sogar ihren Akzent kopiert hast! Wenn du dir dieser Fähigkeit bewusst bist, kannst du Rapport in genau den Situationen verwenden, in den du es am meisten benötigst. Wenn du dich in einer schwierigen zwischenmenschlichen Situation, in einem Konflikt oder einer angespannten Interaktion befindest, frage dich: "Wie kann ich hier das Niveau des Rapports erhöhen?"

In einer Klasse, in der ich Rapport unterrichte habe, gab es einen Studenten, der in einem Altenheim arbeitete. Noch in dieser Nacht wurde ein älterer Mann in einem manischen Zustand aufgenommen. Manisch bedeutet, dass er hektisch herumrauschte, mit hoher Geschwindigkeit redete, nicht in der Lage war, sich auszuruhen, und einige ziemlich seltsame und wunderbare Überzeugungen über sich selbst äußerte. Unbeeindruckt atmete der Student mit ihm etwa zwei Minuten lang und bremste dann sanft die Atmung ... und auch der ältere Mann verlangsamte seine. In wenigen Minuten war er wieder in einem normalen Zustand. Natürlich ist dies kein Heilmittel für seinen manischen psychiatrischen Zustand; aber es machte den Abend viel einfacher für ihn.

Forschung zum Rapport

Untersuchungen von Filmen und Videoaufnahmen zahlreicher Therapiesitzungen und Gesprächen durch Kommunikationsforscher (Ivey et alia, 1996, S. 60; Condon 1982, S. 53-76; Hatfield et alia 1994) bestätigen nun die Bedeutung dieser Rapport-Fähigkeiten, die in der Forschung als "Interaktionssynchronizität" oder "Bewegungs-Komplementärität" bezeichnet werden. In erfolgreichen Gesprächen, ohne dafür geschult worden zu sein, passen Menschen ihre Körpersprache und Wörter ganz natürlich an die des Interaktionspartners an.

William Condon hat Videoaufnahmen von Gesprächen akribisch studiert und diese Muster bestätigt. Er fand heraus, dass in einem erfolgreichen Gespräch Bewegungen wie ein Lächeln oder ein Kopfnicken eines Gesprächspartners vom anderen Gesprächspartner innerhalb von 1/15 einer Sekunde imitiert werden. Innerhalb von Minuten nach Beginn des Gesprächs stimmen Lautstärke, Tonhöhe und Sprachrate (Anzahl der Töne pro Minute) beider Gesprächspartner überein. Gleichzeitig passen die Menschen den Typ und die Geschwindigkeit ihrer Atmung einander an. Sogar die allgemeine Körperhaltung wird im Laufe des Gesprächs so angepasst, dass die Menschen sich einander zu entsprechen oder zu spiegeln scheinen. Elaine Hatfield, John Cacioppo und Richard Rapson zeigen in ihrem Buch Emotional Contagion (Emotionale Ansteckung), dass die Übereinstimmung des Verhaltens einer anderen Person auf diese Weise zur Übertragung emotionaler Zustände von einer Person auf eine andere führt. Wenn ich mich glücklich fühle und du mit meiner Atmung, meiner Stimme, meinen Gesten und meinem Lächeln übereinstimmst, wirst du anfangen, den gleichen emotionalen Zustand zu fühlen. Dies ist die Quelle des Gefühls der Empathie.

Im Jahr 1995 wurde ein bemerkenswerter Bereich von Neuronen (Nervenzellen) von Hirnforschern entdeckt, die an der Universität Palma in Italien arbeiteten (Rizzolatti et alia, 1996; Rizzolatti und Arbib, 1998). Die Zellen, die heute "Spiegelneurone" genannt werden, finden sich im prämotorischen Kortex des Gehirns von Affen und Primaten sowie von Menschen. Beim Menschen sind sie Teil des spezifischen Gehirn-Areals, das Broca-Areal genannt wird, welches auch an der Schaffung von Sprache beteiligt ist. Obwohl die Zellen auch mit der motorischen Aktivität zusammenhängen (d.h. sie sind Teil des Systems, mit dem wir kinästhetische Reaktionen wie das Bewegen eines Arms machen), scheinen sie durch visuelle Eingabe aktiviert zu werden. Wenn ein Affe beobachtet, wie ein anderer Affe (oder ein Mensch) einen Gesichtsausdruck oder eine Körperbewegung macht oder hört, wie er vokalisiert, werden die Spiegelneuronen aktiviert. Wenn sie das machen, scheint der Affe unwillkürlich die gleiche Bewegung zu kopieren, die er beobachtet hat. Diese Fähigkeit, Aktionen eines Mitgeschöpfs zu kopieren, war offensichtlich sehr wichtig für die Entwicklung der sozialen Intelligenz in Primaten. Es ermöglicht uns, uns mit dem Menschen zu identifizieren, den wir beobachten, und die Emotionen unserer Mitmenschen empathisch zu erleben. Wenn dieser Bereich des Gehirns durch einen Schlaganfall beschädigt wird, wird das Kopieren der Handlungen eines anderen fast unmöglich. Die Entwicklung der Sprache ist eindeutig das Ergebnis dieser Fähigkeit zum Kopieren.

Was bedeutet das für uns als Kommunikatoren in Organisationen des gesellschaftlichen Wandels? Erstens bedeutet dies, dass wir davon profitieren, wenn wir die Fertigkeiten entwickeln, im Takt mit anderen zu atmen, unsere Stimmtonalität an ihre anzupassen und unsere Haltung und Gesten an ihre anzupassen. Zweitens betont es, wie wichtig es ist, dass man, sobald eine Verbindung von Rapport zu jemandem hergestellt wurde, der in Bedrängnis ist, die Flexibilität hat, allmählich wieder zu einem gesunden und kraftvollen Stil des Atmens, Sprechens und Handelns zurückkehren zu können.

Der Zweck, Rapport mit anderen herzustellen, besteht oft darin, ihnen zu helfen, sich neuen Zielen zuzuwenden; ein Prozess, der im NLP als "Pacing and Leading" (Angleichen und Führen) bezeichnet wird. Durch die Enthüllung der nonverbalen Basis von Rapport ist es NLP gelungen, dazu beizutragen, unsere Empathie-Fähigkeiten erheblich zu erweitern.

Die Entwickler von NLP stellten fest, dass die Chance, dass eine Person in der Lage war, jemand anderem zu helfen bzw. ihr Verhalten zu ändern, erhöht wurde, indem der Helfer Worte wiederholte oder deren Bedeutungen nachfragte, um sicherzustellen, dass er zuallererst die Realität der Person verstehen konnte. "Wenn du dich der Realität eines anderen anschließt, indem du sie spiegelst, verleiht dir dies Rapport und Vertrauen und versetzt dich in die Lage, ihre Realität auf eine Weise zu nutzen, die sie verändert." (Bandler und Grinder, 1979, S. 81).

In den 1950er Jahren identifizierten Forschungen zum ersten Mal, die Wirksamkeit der Wiederholung von Worten oder der Bedeutung hinter den gesagten Worten (*verbale* Angleichung; reflektierendes Zuhören). Über 50 Jahre lang wurde die wissenschaftliche Beweisführung für diese wichtige Schlüsselfertigkeit von Helfern (Garfield, 1994; Lambert und Bergin, 1994, S. 181, Fiedler 1951) fortgesetzt. Zum Beispiel: Eine der Möglichkeiten, womit Menschen oft Angst in sich selbst verursachen können, ist, beängstigende Bilder im eigenen Kopf abspielen zu lassen. Wenn ich mit einem ängstlichen Menschen spreche, der sich beängstigende Bilder im Kopf vorstellt, und ich mit ihm darüber spreche, was er *sehen* kann, während er neben mir sitzt, steigt die Wahrscheinlichkeit, dass, wenn ich langsam mehr und mehr über kinästhetische (Körpergefühl) Entspannung spreche, er meinem Beispiel in das neue Erlebnis der Entspannung folgen wird (Yapko, 1981).

Rapport im sozialen Wandel

Im Jahr1993 wurde im Konflikt zwischen Palästina und Israel eine Lösung gefunden. In Oslo (Norwegen) fanden geheime Treffen zwischen einem palästinensischen Team unter der Leitung von Abu Ala und einem israelischen Team unter der Leitung von Yair Hirschfeld statt. Terje Roed-Larsen leitete eine Gruppe norwegischer Moderatoren, die in Konfliktlösung geschult waren. Am 13. September 1993 schüttelten der israelische Ministerpräsident Jitzchak Rabin und der PLO-Führer Jasser Arafat, die seit mehr als fünf Jahrzehnten erbitterte Feinde waren, die Hand und unterzeichneten das Osloer Abkommen. Hass und Misstrauen hatten sich in Zusammenarbeit umgewandelt.

Wie kam es zu dieser Umwandlung? Roed-Larsen erklärt (in Watkins und Rosegrant, 2001, S. 152-153) "Was ich wollte, war eine Vorverhandlungsphase, weil ich dachte, dass es Vertrauen auf einer emotionalen Basis geben musste... Ich habe auch beschlossen, die Israelis und die Palästinenser gleich zu behandeln; sie sollten die gleichen Autos, die gleichen Hotelzimmer, das gleiche Essen haben... Bei den Vorverhandlungen müssen die Parteien Vertrauen gewinnen. Es ist wie eine Liebesgeschichte." Da Abu Ala die Bedeutung des verbalen Rapports selbst wusste, war er sehr darauf bedacht, genau die Sprache zu verwenden, die der israelische Außenminister Shimon Peres verwendet hatte. Der israelische Unterhändler Uri Savir sagte mit Erstaunen, Abu Ala "sprach Peres' Sprache. Abu Ala hatte Peres' Bücher gelesen." Leider wurde der Rapport des Osloer Treffens von der Bevölkerung nicht geteilt, und am 3. November 1995 wurde Ministerpräsident Rabin im Rahmen einer israelischen Gegenreaktion ermordet. Die Situation rutschte zurück in die offene Kriegsführung. Man kann hier etwas über die Risiken geheimer Verhandlungen lernen, aber auch wichtige Lektionen über die Macht des Rapports.

Noam Chomsky schlägt vor, dass Agenten des sozialen Wandels ganz allgemein von besseren Rapport-Fähigkeiten profitieren würden. Er erklärt die Probleme, mit denen die Bewegung intern konfrontiert ist, und sagt: "Zum Teil liegt das Problem an der Spaltung – es ist das leidenschaftliche Bekenntnis zu einer sehr engen Position und extreme Intoleranz gegenüber jedem, der es nicht genauso sieht, wie man selbst. Wenn du also eine etwas andere Meinung hast als ein anderer Mensch zu, sagen wir, Abtreibungsrechten hast, bedeutet das Krieg – du kannst nicht einmal miteinander reden, es ist kein Thema, das du überhaupt diskutieren kannst. Es gibt eine Menge solcher Leute auf der linken Seite des politischen Spektrums, und es ist sehr selbstzerstörerisch gewesen. Es hat progressiven Bewegungen, die etwas eher "linken"

Bewegungen, irgendwie unwillkommen gemacht – weil die Leute es nicht mögen; sie sehen es, und sie mögen es nicht." (Chomsky, 2002, S. 237-238).

In NLP sagen wir, dass überall dort, wo deine Kommunikation auf Widerstand trifft, es ein Hinweis darauf ist, dass du nicht genügend Rapport mit dem Menschen hast, der "Widerstand" leistet. Chomsky wendet diesen Grundsatz auf Entscheidungen darüber an, welche Maßnahmen als Agent des sozialen Wandels zu ergreifen sind. Er erklärt, warum er gegen Friedensaktivisten war, die Raketen auf US-Stützpunkte angriffen, und sagt: "Ich glaube nicht, dass es eine Frage des Prinzips ist, ob man einen Raketenspitze zertrümmern sollte oder nicht, es ist nicht wie ein Vertrag zwischen dir und Gott oder so. Die Frage ist, was sind die Auswirkungen? .... In meine, wenn du einen Raketenspitze in einer Stadt zerschlägst, wo Leute in der Raketenfabrik arbeiten und es keine andere Möglichkeit gibt, ihren Lebensunterhalt zu verdienen, und sie haben keinen Grund gehört, warum sie keine Raketen haben sollten, dann bringt das ihnen nichts bei, es macht sie einfach wütend auf dich. **Ich meine, du musst dort beginnen, wo die Welt ist**. Du fängst nicht an mit einer Aussage wie: "Okay, lasst uns transnationale Konzerne stürzen" – denn im Moment liegt dies einfach nicht in Reichweite. Also starte lieber mit einer solchen Aussage: "Schau, so sieht es jetzt mit der Welt aus, was können wir anfangen zu tun?" Nun kannst du anfangen, Dinge zu tun, die die Menschen dazu bringen, besser zu verstehen, was die wahre Quelle der Macht ist, und wie viel sie alle erreichen können, wenn sie sich in politischen Aktivismus einbringen." (Chomsky, 2002, S. 187, 191).

Hin zu und weg von

Wenn Menschen sich zum Handeln motivieren, können sie meist entweder ihre Aufmerksamkeit darauf richten, was sie ändern wollen oder **von** was sie sich **weg** (den Problemen) bewegen wollen oder sie können ihre Aufmerksamkeit vor allem auf die Sachen richten, die sie erschaffen oder **zu** denen sie sich **hin** bewegen wollen (die Lösungen) oder etwas von jeder dieser Motivationsrichtungen. Menschen, die sich auf ihre gewünschten Ergebnisse **hin zu** bewegen, sind energetisiert und begeistert von ihren Zielen und scheinen manchmal naiv, indem sie nicht bemerken, mit welchen Problemen sie konfrontiert werden könnten. Reformer und Agenten des Wandels (nach Moyers Modell der Rollen im sozialen Wandel) neigen dazu, mehr **hin zu** motiviert zu sein. Menschen, die sich eher **weg von** unerwünschten Problemen bewegen wollen, werden von Herausforderungen beflügelt und scheinen manchmal zu sehr damit beschäftigt, sich über die Krisen, Herausforderungen und inakzeptable Ereignisse, auf die sie Menschen aufmerksam machen wollen, zu beschweren. Bürger und Rebellen neigen dazu, mehr **weg von** motiviert zu sein.

Für den hin-zu Menschen, kommt es auf die Vision an – das Ergebnis, auf das wir uns zubewegen. Sie können detailliert erklären, welche Ergebnisse sie wollen, während sie über die aktuelle Situation eher im Unklaren sind. Für den weg-von Menschen, ist das, was zählt die Herausforderung der aktuellen Situation. Sie können im Detail erklären, was geändert werden muss und warum, aber sie können nicht genau wissen, was sie stattdessen wollen. Anhand von NLP-Fragebögen haben wir herausgefunden, dass etwa 40 % der Bevölkerung hauptsächlich die Motivation Weg-Von verwenden, etwa 40 % hauptsächlich die Motivation Hin-Zu, und etwa 20 % verwenden beides in gleichem Maße.

Einige Karrierewege (z. B. Medizin, Versicherung und Polizei) ermutigen einen dazu, darauf zu achten, was falsch ist, und sich davon weg zu bewegen. Andere Karrierewege (wie Tourismus, künstlerisches Design) fördern die Aufmerksamkeit auf die gewünschten Ergebnisse und bewegen sich auf diese hinzu. Menschen, die hin-zu motiviert sind, interessieren sich, wenn ein Projekt mit Wörtern wie "erreichen", "Vorteile", "Mehrwert" und "was du wolltest" beschrieben wird. Menschen, die weg-von motiviert sind, werden Projekte bevorzugen, die mit Wörtern wie "lösen", "vermeiden", "loswerden", "verhindern" und "herausfinden, was falsch ist" beschrieben werden.

Um herauszufinden, ob jemand hauptsächlich im Kontext seines politischen Aktivismus hin-zu oder weg-von motiviert ist, kannst du sie fragen: "Warum ist dir diese Arbeit wichtig?" Im häuslichen Kontext könnte man fragen: "Warum lebst du jetzt dort, wo du lebst?"
Es gibt drei mögliche Hauptergebnisse aus solchen Fragen:

1) Hin-zu: Weil es mir das bringt, was ich will.
2) Weg-von: Weil es mir hilft, das zu vermeiden, was ich nicht will.
3) Hin-zu und Weg-von: Weil es mir das gibt, was ich will und vermeidet, was ich nicht will.

An dem Tag, an dem Nelson Mandela Präsident Südafrikas wurde, offenbarte er seine Fähigkeit, sowohl Hin-zu- als auch Weg-von-Sprache zu verwenden: "Das Engagement meiner Regierung, eine menschenzentrierte Gesellschaft der Freiheit zu schaffen, bindet uns an die Verfolgung der Ziele... [Hin-zu-

Sprache] ... der Freiheit vom Hunger, der Freiheit von Benachteiligung, der Freiheit von Unwissenheit, der Freiheit von Unterdrückung und der Freiheit von Angst. [Weg-von-Sprache]" (Zitiert in Charvet, 1997, S. 39).

Aktivisten mit unterschiedlichen Stilen debattieren oft über diesen Unterschied im Motivationsstil. In der Globalisierungsbewegung sagen beispielsweise Liza Featherstone, Doug Henwood und Christian Parenti: "Die Bewegung durchläuft auch einen faszinierenden rhetorischen Wandel, da Aktivisten Begriffe wie "Antiglobalisierung" ablehnen, die – nicht sehr klar – betonten, wogegen sie sind, zugunsten von Slogans wie "Eine andere Welt ist möglich", die es wagen, die Möglichkeit radikal unterschiedlicher wirtschaftlicher Arrangements herauf zu beschwören. Wie würde diese andere Welt aussehen? Die Aktivisten müssen sich mit dieser Frage auseinandersetzen." (Featherstone et alia, 2004, S. 314). Beachte, dass sogar ihr "Rahmen" für diese Veränderung hin-zu ist – der Wandel in der Haltung ist ein "faszinierender rhetorischer Wandel" zu Dingen, die Aktivisten "befürworten". Auf der anderen Seite warnt Eddie Yuen: "Kurz gesagt, die Bewegung sollte die ungeheure rhetorische Macht anerkennen, die eine Haltung der Negation und Verweigerung hat, und sich nicht dazu gedrängt fühlen, ihre Energien übermäßig abzulenken, um Blaupausen auszuarbeiten, die bestenfalls unrealistisch und schlimmstenfalls spaltend sind." (Yuen, 2004, S. xxii). Wieder einmal werden sogar Eddie Yuens Gründe für die Verwendung von Weg-von-Motivation hauptsächlich in Weg-von-Begriffen beschrieben: Dinge zu vermeiden, die "bestenfalls unrealistisch und im schlimmsten Fall spaltend" sind.

Wie kann man diese beiden unterschiedlichen Persönlichkeitstypen dazu bringen, in einer Gruppe zusammenzuarbeiten? Es gibt mehrere Dinge, die du tun kannst, um anderen zu helfen, ihr Muster besser für sie arbeiten zu lassen, zum Beispiel:

Um mit Hin-zu-Menschen arbeiten zu können:

- Zeige ihnen, wie das Überprüfen auf mögliche ökologische Aspekte dazu beitragen wird, Ziele effektiver zu erreichen.
- Gib ihnen die Aufgabe, die Fortschritte bei der Erreichung der Ziele zu identifizieren und zu gestalten.

Um mit Weg-von-Menschen arbeiten zu können:

- Erläutere die Probleme, die das Festlegen eines klaren Ziels lösen wird.

- Beschreibe die Zielsetzung als das Festlegen von Fristen für die Lösung der Probleme.
- Gib ihnen die Aufgabe, die Probleme in einem Plan zu identifizieren, zu überwachen und zu lösen.
- Lass sie etwas tun (irgendetwas) und es dann "reparieren", um das Ergebnis zu erreichen, das du anstrebst.

Die polnische Solidaritätsbewegung

Wir können die vier verschiedenen Stile des Wandels in den monumentalen Veränderungen sehen, die Polen als Gesellschaft in den 1970er und 1980er Jahren erschütterten. Inmitten dieser Veränderungen war es für die Menschen leicht zu glauben, dass es einen richtigen Weg gab, um einen Wandel zu verwirklichen. Wir können jetzt sehen, dass alle vier Veränderungsstile zusammengearbeitet haben, um die polnische Gesellschaft ins 21. Jahrhundert zu bringen. Hier gebe ich kurz ein oder zwei Beispiele jeder Rolle.

Jerzy Popiełuszko (Bürger)
Der selige Pater Jerzy Popiełuszko (1947-1984) war ein römisch-katholischer Priester, der argumentierte, dass das sozialistische Regime geändert werden müsse, weil es nicht zu den tieferen christlichen Werten passe, auf denen die polnische Gesellschaft gegründet worden sei. In seiner Predigt erläuterte er moralische Aspekte der schmerzhaften Realität des Alltags im Lichte der Lehren der Kirche. Er versuchte nicht, die Kirche, der er angehörte, zu verändern, sondern einfach ihre Botschaft in der übrigen Gesellschaft kongruent anzuwenden. So konnte er das Undenkbare sagen: dass sich die "unchristlichen" Aspekte des polnischen Sozialismus ändern müssten. Seine Stimme war eine der ersten, die gegen das alte Regime erhoben wurde, und er war einer der ersten, der durch seine Ermordung 1984 zum Schweigen gebracht wurde.

Lech Wałęsa, Anna Walentynowicz (Rebell)
Lech Wałęsa (* 1943) war Elektriker und Organisator der Solidaritäts-Bewegung. Er war für seinen charismatischen und herausfordernden Stil bekannt. Der Organisator mehrerer Streiks in den 1970er Jahren, wurde ständig wegen seines Aktivismus entlassen und war lange Zeit arbeitslos. Als er den Friedensnobelpreis entgegennahm, sagte er später: "Wenn ich mich an meinen eigenen Lebensweg erinnere, muss ich von Gewalt, Hass und Lügen sprechen." Dies steht in dramatischem Kontrast zu Popiełuszkos geduldigem Ansatz. Als die Gesellschaft diesen rebellischen Ansatz brauchte, war er ein

Held, aber Wałęsa wurde später für seinen konfrontativen Stil und für die Anstiftung zum "Krieg an der Spitze" kritisiert, bei dem ehemalige Solidaritätsverbündete miteinander stritten und jährliche Regierungswechsel verursachten. Er erklärte sich nur deshalb bereit, für die Regierung zu kandidieren, weil er das Gefühl hatte, dass er es "musste".

Anna Walentynowicz (1929-2010) war Schweißerin und Kranführerin. Ihre Entlassung im August 1980 war das Ereignis, das den Streik auf der Lenin-Werft in Danzig entfachte, der sehr schnell die Ostseeküste lahmlegte und eine riesige Welle von Streiks in Polen auslöste. Das Interfactory Strike Committee [MKS] mit Sitz in der Danziger Werft verwandelte sich schließlich in die Solidaritäts-Gewerkschaft. Frühe Solidaritätsbroschüren beschrieben sie als einen "Dorn in der Seite" der Regierung, und sie wurde als eiserne Frau für die Stärke ihres Widerstands bekannt. Wie viele Rebellen waren auch Wałęsa und Walentynowicz die treibende Kraft des Wandels, waren aber mit den Ergebnissen ihrer Arbeit unzufrieden. Sie rebellierten auch weiterhin gegen das neue Regime.

Jacek Kuroń (Agent des Wandels)

Jacek Kuroń (1934-2004) war ein Jugendarbeiter, der sich allmählich von einem überzeugten Verteidiger des Marxismus zu einem linken Gegner wandelte. Während der Streiks im Juli und August 1980 organisierte Kuroń ein Informationsnetzwerk für Arbeiter im ganzen Land, das er als den Kern einer zukünftigen Arbeiterdemokratie ansah. Er lancierte seinen berühmten Slogan "Verbrenne nicht die Komitees [also die lokalen Parteigebäude], bilde deine eigenen", um die Arbeiter zu ermutigen, Solidarität als positive Kraft und nicht nur als Rebellion zu sehen. Er organisierte Gruppen, um ihre eigenen Gemeinschaften als alternative Gesellschaften zu führen, die selbst Gemüse anbauten und selbst ihre Wohnungen verwalteten, usw. Im Jahr 2000 gründeten Kuroń und seine Frau Danuta nach dem Wandel in Polen die Jan Jézef Lipski Offene Universität in Teremiski. Später wurde er der erste Dekan dieser alternativen Universität, der seine Rolle als Agent des Wandels fortsetzte, anstatt sich dem neuen System anzuschließen oder weiter zu rebellieren.

Tadeusz Mazowiecki (Reformer)

Tadeusz Mazowiecki (1927-) war ein Zeitschriftenredakteur, der unter dem alten Regime 1961-1972 ein Regierungsamt innehatte und 1989 Polens erster nichtkommunistischer Ministerpräsident wurde. Mazowieckis Regierung gelang es, viele grundlegende Reformen in kurzer Zeit durchzuführen. Das politische System wurde grundlegend verändert; es wurden ein umfassendes Spektrum von bürgerlichen Freiheiten sowie ein Mehrparteiensystem eingeführt und das Emblem und der Name des Landes geändert (von der Volksrepublik Polen in die Republik Polen). Am 29. Dezember 1989 wurden grundlegende Änderungen an der polnischen Verfassung vorgenommen. Im Jahr 1989 sprach Mazowiecki in seiner ersten Parlamentsrede im Sejm von einer "dicken Linie" (*gruba linia*): "Wir ziehen eine dicke Linie zu dem, was in der Vergangenheit passiert ist. Wir werden nur für das verantwortlich sein, was wir von nun an getan haben, um Polen zu helfen und sie aus dieser Krise zu retten." Ursprünglich, wie Mazowiecki erklärt, bedeutete der Satz die Nichthaftung seiner Regierung für Schäden, die der Volkswirtschaft von früheren Regierungen zugefügt wurden. Medien, die von Adam Michniks linker Gazeta Wyborcza angeführt wurden, formulierten den Begriff später als "dicken Strich" (*gruba kreska*), der im Wesentlichen die kommunistische Vergangenheit durchstrich und mit den Missgeschicken der Kommunisten sanft umging. Mazowiecki war der vollkommene Reformer, indem er nach dem Wandel ein System zusammenbaute, Änderungen kodifizierte und signalisierte, dass die Zeit der großen Veränderungen nun vorbei sei.

Ohne diese vier Rollen hätte sich Polen nicht von der Herrschaft der Sowjetunion bis hin zu einer anderen Form von Staat verwandeln können. Natürlich hat der polnische Staat seit dieser Zeit Probleme, aber die Geschichte ist nie beendet. Der Durchbruch reichte aus, um das Leben der Menschen radikal zu verändern, nicht nur in Polen, sondern an vielen anderen Orten in Osteuropa.

Beachte, dass, als Verallgemeinerung, die vier Rollen in einer Abfolge in Erscheinung treten, die ich "Das Rad der Veränderung" nenne. Mit einer Terminologie, die auch bezüglich persönlichen Veränderungserfahrungen sinnvoll ist, heißen die vier Schritte des Rads Auditor (d.h. die Rolle, das zu prüfen, was nicht zu unseren aktuellen gemeinsamen Werten passt). Auditor = Bürger), Rebell (d. h. die Rolle, darauf hinzuweisen, dass das System geändert werden muss, umden von uns entdeckten Herausforderungen gerecht zu werden), Innovator (d. h. die Rolle, anhand konkreter Beispielen aus dem realen Leben zu zeigen, dass eine Lösung möglich ist. Innovator = Agent des Wandels) und Reformer (d. h. die Rolle das System so umzugestalten, dass es die neuen Erkenntnisse aus diesem Prozess einbezieht).

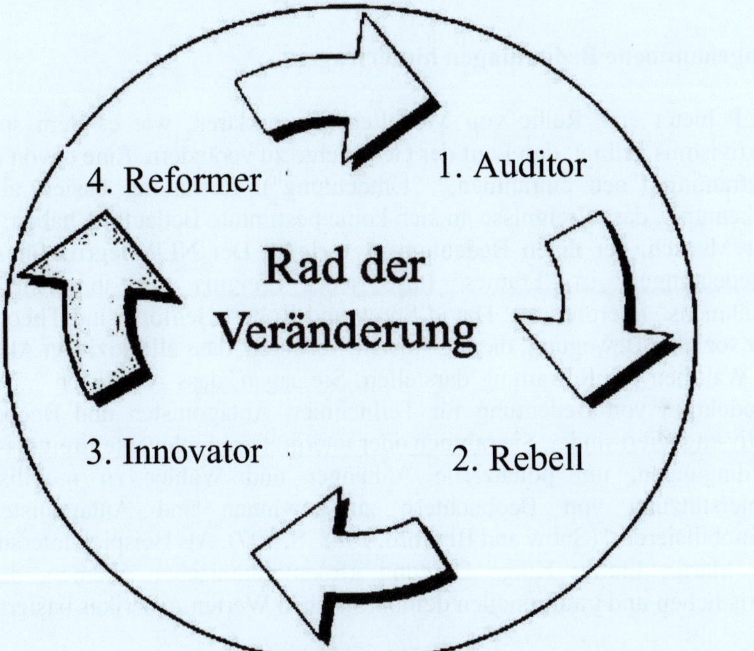
4. Reformer
1. Auditor
Rad der Veränderung
3. Innovator
2. Rebell

Reframing

Angenommene Bedeutungen hinterfragen

NLP bietet eine Reihe von Modellen, die erklären, wie es dem sozialen Aktivismus gelingt, den Lauf der Geschichte zu verändern. Eine davon ist das Reframing ("neu einrahmen," "Umdeutung"). Reframing basiert auf der Erkenntnis, dass Ereignisse an sich keine bestimmte Bedeutung haben. Es ist der Mensch, der ihnen Bedeutungen verleiht. Der NLP-Begriff für solche "Bedeutungen" ist "Frames" (also, jedes Ereignis wird innerhalb eines "Rahmens" interpretiert). David Snow und Robert Benford sind Theoretiker der sozialen Bewegung, die die Ansicht vertraten, dass alle sozialen Aktionen in Wahrheit ein Reframing darstellen. Sie sagen, dass Aktivisten "... in der Produktion von Bedeutung für Teilnehmer, Antagonisten und Beobachter aktiv engagiert sind.... Sie rahmen oder interpretieren relevante Ereignisse und Bedingungen, um potenzielle Anhänger und Wähler zu mobilisieren, Unterstützung von Beobachtern zu gewinnen und Antagonisten zu demobilisieren." (Snow and Benford, 1988, S. 197). Als Beispiel untersuchten sie Martin Luther Kings Deutung afroamerikanischer Themen, die auf christlichen und traditionellen demokratischen Werten Amerikas basierten.

Dieser Umdeutungsprozess besteht aus zwei Schritten. Der erste Schritt besteht darin, den Frame (Rahmen), durch den jemand Ereignisse betrachtet und interpretiert, zu "deframen" oder ihn in Frage zu stellen. "Deframing" wird im NLP mit einer Reihe von Fragen auf der Grundlage der Arbeit von Noam Chomsky durchgeführt.

Von seiner Diskussionsmethode in öffentlichen Foren bekommen wir ein Gefühl dafür, wie Noam Chomsky selbst diese Deframing-Fähigkeit anwendet. Er ist ein erfahrener Nutzer dessen, was NLP eine *Metamodell*-Befragung nennen würde. Da er das Modell hinter dem *Metamodell* entwickelt hat (Transformational Grammar; siehe Chomsky, 1957), ist das kaum verwunderlich. Metamodell-Fragen sollen einen Menschen dazu bringen, von der "Oberflächenstruktur" seiner eigenen Theorien und "Rahmen" mit denen er Realität interpretiert, zu den zugrunde liegenden Sinneserfahrungen zurückzukehren, aus denen er diese Oberflächen-strukturen gebaut hat (um Chomskys ursprüngliche Begriffe zu verwenden). Diese Fragen wurden entwickelt, um die Rahmen infrage zu stellen, durch die ein Mensch die Realität betrachtet. Reframing, das wir als nächstes betrachten werden, ist eine Möglichkeit, neue und nützlichere Frames anzubieten.

Der Grund, warum jemand das Metamodell lernen sollte, besteht jedoch nicht darin, sofort rauszugehen und den Menschen all diese herausfordernden Fragen zu stellen. Die Metamodell-Fragen sind "herausfordernde" Erwiderungen. Sie müssen in einem Kontext des Rapport-Aufbaus und des reflektierenden Zuhörens verwendet werden (wie im vorherigen Abschnitt über Matching und Rapport beschrieben). Die wichtigste Art und Weise, diese Liste von Fragen für den Moment zu verwenden, ist es, in Bezug auf die Verwendung von Mustern *aufmerksam* zu sein – sowohl wie du sie verwendest als auch wie andere sie verwenden. Sobald du diese Muster hören und identifizieren kannst (und es gibt Metamodell-Muster in jedem Satz, einschließlich diesem), erhältst du wertvolle Hinweise darauf, welche "Frames" Menschen verwenden, um ihre Erfahrung der Welt zu interpretieren.

Der folgende Austausch zeigt, wie Chomsky Metamodell-Fragen selbst nutzt:

"*Mann: Herr Dr. Chomsky, ich möchte nur eine Frage zu diesem Thema stellen: Daniel Ortega [Präsident Nicaraguas, Sandinista-Partei] war wie lange an der Macht, ein Jahrzehnt?*
Ja
Mann: Und dennoch verlor er die Wahl.
Warum "Und dennoch"?
Mann: Nun, er hatte zehn Jahre lang die Kontrolle über dieses Land.
Was bedeutet das: "Er hatte die Kontrolle darüber"?
Mann: Er hatte die Kontrolle über die Presse.
Das hatte er nicht. Tatsächlich ist Nicaragua das einzige Land in der Geschichte, das ich kenne, das eine große Oppositionspresse [La Prensa] operieren ließ, obwohl sie die Regierung attackierte – eine Presse, die den Sturz der Regierung durch Gewalt forderte." (Chomsky, 2002, S. 109)

Hier fordert Chomsky zwei Metamodell-Muster heraus: die voraussetzende Phrase "und dennoch" und das unspezifizierte Verb "hatte die Kontrolle über". Indem er diese Muster infrage stellt, lässt er den Mann zu den ursprünglichen Sinneserfahrungen zurückkehren, aus denen er seinen aktuellen "Rahmen" aufgebaut hat. Diese sensorisch-spezifische Aussage kann dann anhand historischer Daten als falsch dargestellt werden. Fragen wie "Warum *und dennoch*?" oder "Was bedeutet das konkret?" ermöglichen es Chomsky, einen ganz anderen Rahmen über aktuelle Ereignisse zu schaffen im Vergleich mit Beobachtern, die die in den Medien präsentierten Frames akzeptieren.

Es folgt eine Auflistung der wichtigsten Metamodell-Muster, die du heraushören kannst und der Fragen, mit denen du sie hinterfragen kannst. Um diese Metamodell-Fragen effektiv zu nutzen, ist es wichtig, zuerst reflektierendes Zuhören zu verwenden – also, das, was der Mensch gesagt hat, zu wiederholen oder anzuerkennen und dann sanft nachzufragen.

1. **Gedankenlesen:** Manchmal enthält die Art und Weise, wie jemand Ereignisse erklärt "übernatürliche" Überzeugungen, wie zum Beispiel Gedankenlesen (zum Beispiel: "Ich weiß, was er von mir hält"). Das Metamodell schlägt vor, dass du fragst, wie dieser Prozess abläuft: "Woher genau weißt du das? Was siehst oder hörst du?"

2. **Werturteil ohne Performer:** Wenn jemand sagt, dass etwas "falsch" oder "richtig", "gut" oder "schlecht" ist, sagt er oft nicht, wer dieses **Werturteil** fällt (**"performt"**). Man könnte fragen: "Wem zufolge?" Zum Beispiel: "Es ist falsch, Almosen zu akzeptieren." "Wem zufolge? Wer glaubt, dass es falsch ist?" Diese Frage hilft dem Menschen zu erkennen, wessen Weltanschauung er verwendet: Ist es seine eigene? Ist es die seiner Eltern? Ist es ein politischer Theoretiker, dessen Arbeit er bewundert? Wer ist der "fehlende Performer" des Werturteils? Was auch immer die Antwort sein mag, die Frage erinnert daran, dass es sich nur um eine Meinung handelt.

3. **Ursache-Wirkung:** Ein weiterer "übernatürlicher" Glaube ist, dass ein Mensch eine emotionale Reaktion im Körper eines anderen hervorrufen kann - dass jemand eine **Wirkung** in einem anderen Körper **verursachen** kann, ohne ihn zu berühren. Zum Beispiel: "Du bringst mich dazu mich sehr machtlos zu fühlen." Eine Metamodell-Antwort könnte sein: "Wie konkret führt das, was ich tue, dazu, dass du dich machtlos fühlst?"

4. **Komplexe Äquivalenz:** Manchmal behauptet jemand, dass ein Ereignis eine Bedeutung hat, die weit über das hinausgeht, was es bedeuten muss. Zum Beispiel: "Er kommt nie zu unseren Sitzungen, also ist es ihm offensichtlich überhaupt nicht wichtig, was passiert", oder "Wenn wir streiten, bedeutet das, dass die Gruppe nicht funktioniert". Diese Behauptungen deuten darauf hin, dass "für wichtig halten" **äquivalent** ist zu "zu Sitzungen kommen" oder dass "streiten" gleichbedeutend ist mit "eine Gruppe, die nicht funktioniert". Eine Metamodell-Antwort, um diese "Äquivalenz" infrage zu stellen, ist: "Wie bedeutet X gleich Y?", zum Beispiel: "Inwiefern bedeutet streiten, dass die Gruppe ‚nicht funktioniert'?"

5. **Universeller Quantifikator:** Wenn jemand behauptet, dass etwas "immer", "nie", "jedem" oder "niemandem" passiert, schlägt das Metamodell vor, dass du nach diesem **universellen Quantifikator** fragst, indem du das gleiche Wort wiederholst, zum Beispiel: "Immer?", "Niemand?".

6. **Modaloperator der Unmöglichkeit:** Manchmal sprechen Leute in einem "**Modus der Unmöglichkeit**": sie glauben, dass bestimmte Dinge für sie "unmöglich" sind. Wenn jemand sagt "Ich kann nicht...", könnte die Metamodell-Antwort entweder sein: "Was hindert dich?" oder "Was würde passieren, wenn du es tätest?" Zum Beispiel: "Ich kann meinem Mann nicht sagen, was ich wirklich von seinen sexistischen Witzen halte". "Was würde passieren, wenn du es tun würdest?"

7. **Modaloperator der Notwendigkeit:** Dann sprechen Leute manchmal in einem "**Modus der Notwendigkeit**" ("müssen"). Wenn jemand sagt: "Ich muss...", würde die Metamodell-Antwort sein: "Was würde passieren, wenn du es nicht tun würdest?" In beiden Modi – der der Unmöglichkeit und der der Notwendigkeit – geht die Weltanschauung davon aus, dass die Dinge so sein müssen, wie sie sind. Deine Fragen stellen solche Beschränkungen in Frage.

8. **Unspezifiziertes Verb:** Jemand kann auch das, was passiert, so generell beschreiben, dass du nicht weißt, wer was mit wem gemacht hat. Die **Verben** (Tunwörter) in solchen Sätzen sind **unspezifiziert**. Du kannst also nach diesen Informationen fragen, z. B.:

- "Mein Bruder ärgert mich die ganze Zeit." "Wie konkret ärgert er dich?"
- "Du hast mich sehr verletzt." "Wie habe ich dich verletzt?"
- "Leute schikanieren mich ständig." "Welche Leute schikanieren dich, und wie speziell schikanieren sie dich?"

9. **Deletion:** Manchmal lässt jemand einfach wichtige Teile eines Satzes unerwähnt, so dass du erraten musst, was er **"gelöscht"** hat. Das Metamodell schlägt vor, dass du tatsächlich fragst, was diese gelöschten Angaben sind. Zum Beispiel:

- "Ich komme damit nicht zurecht." "Womit genau kommst du nicht zurecht?"
- "Das, was ich mache, verwirrt mich wirklich." "Was machst du?"
- "Ich bin traurig." "Worüber bist du traurig?" Solche Fragen helfen dem Gesprächspartner auf sensorisch spezifische Weise zu erklären, was falsch ist.

10. **Voraussetzung:** Oft setzt ein Satz einfach die Existenz von "Dingen" voraus oder nimmt die Möglichkeit von Handlungen an. Um den Satz zu

"verstehen", müsstest du die Voraussetzungen akzeptieren. Als Beispiel ist hier eine Aussage aus Adolf Hitlers **Mein Kampf** (Hitler, 1943, S. 655). "Unsere Aufgabe, die Mission der nationalsozialistischen Bewegung, aber ist, unser eigenes Volk zu jener politischen Einsicht zu bringen, dass es sein Zukunftsziel nicht im berauschenden Eindruck eines neuen Alexanderzuges erfüllt sieht, sondern vielmehr in der emsigen Arbeit des deutschen Pfluges, dem das Schwert nur den Boden zu geben hat. Dass das Judentum einer solchen Politik gegenüber die schärfsten Widerstände ankündigt, ist selbstverständlich. Es fühlt besser als irgend jemand anderes die Bedeutung dieses Handelns für seine eigene Zukunft."

Mit dieser Aussage, die erstmals im Jahr 1925 geschrieben wurde, entlarvt Hitler hier die Art von voraussetzendem Denken, die zum Holocaust geführt hat. Er ist sich in seinem Gedankenlesen so sicher, dass er sagt: "Es versteht sich von selbst..." (d.h. es wird **vorausgesetzt**). Diese Art von **Voraussetzung** ist eine der größten Gefahren in Hitlers Reden und Schreiben. Er war überzeugt, dass er in einer Welt lebte, in der alle Juden ihn und "sein Volk" hassten. Diese Voraussetzung musste er nicht einmal beweisen. Die einfache Metamodell-Antwort wäre zu fragen: "Woher weißt du..." Zum Beispiel: "Woher wissen Sie, dass die Juden den schärfsten Widerstand gegen eine solche Politik ankündigen." Zum Spaß kannst du vielleicht üben, die anderen Metamodell-Fragen (oben) zu verwenden, um den Rest dieses historisch beunruhigenden Absatzes auszupacken.

Reframing von Bedeutungen

Sobald du Frames in einer Aussage identifizieren und herausfordern kannst, kannst du auch andere nützlichere Frames konstruieren. Das Ziel ist es nicht, in der Lage zu sein, zu sprechen, ohne irgendwelche Voraussetzungen usw. zu verwenden. Das Ziel ist, bewusst jene Voraussetzungen zu wählen, die in der realen Welt funktional und nützlich sind. Lass mich ein Beispiel geben. Dame Whina Cooper ist als Gründungspräsidentin der neuseeländischen Maori Women's Welfare League (Wohlfahrts-Liga für Maori Frauen) und Anführerin des 1975 Protestmarsches Maori Land (König, 1991) in Erinnerung geblieben. Ihr Respekt innerhalb der Maori-Gemeinschaft wurde jedoch nicht leicht verdient. Kurz nach ihrer Wahl durch die Wohlfahrtsliga sprach sie auf einem Hui [Versammlung] in Taupo, als eine Frau aufstand und sie kritisierte. Wie konnte Cooper, fragte die Frau, hochmütig durchs Land ziehen und ihnen sagen, was zu tun sei? Das Treffen war angespannt, da die

Leute auf ihre Antwort warteten. Ein Sozialreferent bot an, die Beschwerde zu behandeln, aber Cooper sagte, sie würde sich damit befassen.

Whina Cooper sagte: "Ich freue mich sehr, dass jemand so redet, denn wenn ich so etwas höre, weiß ich, dass unsere Maori-Frauen immer stark sein werden, immer Führungspersönlichkeiten sein werden. Ich bin so froh, dass sich diese Person hier groß genug fühlt, um mich zurechtzuweisen. Ja, e hoa [Freundin], du hast recht. Ich bin nichts. Ich komme aus einem Nikau-Haus mit einem Erdboden. Ich habe keine Ausbildung. Alle anderen Frauen, die du erwähnt hast, Te Puea und die anderen, sie sind alle viel wichtiger als ich. Sie sind es. Aber denken Sie daran, e hoa. Ich wollte nicht hierherkommen. Ich wollte diesen Job nicht. Aber ich wurde von den Maori-Frauen Neuseelands ausgewählt, zu dir zu kommen, um das Volk miteinander zu verknüpfen. Und ich versuche nur, diesen Job zu machen, weil sie mich darum gebeten haben." Die Versammlung schwenkte sofort hinter Cooper. Intuitiv hatte sie ihre Antwort begonnen, indem sie den Redner anerkannte und dann ihre Kritik "umdeutete". Lass mich also erklären, was ich mit "Reframing" meine. Viele Menschen bei dem Treffen waren angespannt, nachdem eine Frau Kritik äußerte. Sie dachten, dass "Dissens bedeutet, dass die Dinge schlecht laufen." Whina Cooper sagte aber: "Dissens bedeutet nicht, dass die Dinge schieflaufen. Es bedeutet, dass die Menschen stark genug sind, sich zu äußern, und das bedeutet, dass die Dinge richtig laufen!" Sie hat die Erfahrung umgedeutet ("reframed") und eine neue Bedeutung angeboten.

Die Frage, die sich Whina Cooper gestellt hatte, lautete: "Was könnte diese Situation noch bedeuten, das *nützlich* wäre?" Es ist eine Frage, die sich alle sehr erfolgreichen Kommunikatoren stellen. Oprah Winfrey ist eine der erfolgreichsten Fernsehmoderatorinnen der Welt. Doch als Kind war sie Opfer schrecklichen sexuellen Missbrauchs. Viele Leute sagten ihr, dies *bedeute*, dass ihr Leben damit beschädigt wurde. Oprah entschied sich aber, dass es etwas anderes bedeuten könnte: Es *könnte bedeuten*, dass sie in der Lage war, sich zu äußern und Menschen auf der ganzen Welt zu helfen, die in Angst gelebt haben. Ihrer Talk-Back-TV-Show gelingt genau das.

Das ist die Macht des Bedeutungs-Reframings. Um es noch einmal zu sagen: Ereignisse an sich haben keine bestimmte Bedeutung. Der Mensch gibt ihnen Bedeutungen. Wenn dir eine Frau sagt, dass ihr Mann letzte Woche gestorben ist, weißt du nicht, was das "bedeutet". Du weißt nur, was das sensorisch spezifische Ereignis war. Die Bedeutung hängt davon ab, wie man dieses Ereignis filtert. Sie könnte glücklich sein, dass sie jetzt frei von einer bedrückenden Beziehung ist, oder froh, dass ihr Mann frei von Schmerz ist, oder traurig, dass er nicht mehr da ist, oder sich schuldig fühlt, weil sie mehr für ihn hätte tun können. Bedeutung ist das Ergebnis unserer Filterprozesse, und ein Bedeutungs-Reframing (Umdeutung) bietet neue Filter.

Wenn du ein Bedeutungs-Reframing anbietest, wird es oft helfen, zuerst reflektiert zuzuhören – um dem Rahmen des Gesprächspartners zu entsprechen (Pacing); zu sagen: "Also dachtest du, dass das Ereignis bedeutet... Ich denke, es könnte bedeuten…" Wenn der Gesprächspartner das Gefühl hat, dass du seine Deutung verstanden hast, ist er eher bereit, auf deine Deutung zu hören. Oprah Winfrey könnte sagen: "Also du dachtest, meine unglückliche Kindheit bedeute, dass ich lebenslang geschädigt sein würde. Ich denke, es bedeutet, dass ich in einer idealen Situation bin, mich im Namen anderer Kinder zu äußern und damit einen Wandel zu ermöglichen." Kate Sheppard hätte vielleicht gesagt: "Also ihr dachtet, dass wir die Abstimmung verloren haben, was bedeutet, dass wir scheitern. Ich denke, unsere vorübergehende Niederlage bedeutet, dass jetzt viele andere Unterstützer für unsere Sache gewonnen werden."

Kontext-Reframing

Eine verwandte Frage zu "Was könnte das noch bedeuten, das nützlich ist?" ist "*Wo oder wann sonst* wäre das nützlich?" Die preisgekrönte neuseeländische Schriftstellerin Janet Frame, die als schizophren in ein psychiatrisches Krankenhaus eingewiesen wurde, wurde von ihren Ärzten für zu zurückgezogen und zu "in ihre eigene mentale Fantasie verwickelt" gehalten. Genau diese Fähigkeiten waren es, die ihr später im Rahmen ihrer Schreibkarriere ermöglichten, internationale Literaturpreise zu gewinnen. Gerade noch rechtzeitig entdeckte ihr Arzt (Dr. Blake Palmer), dass Frame einen Literaturpreis für ihr erstes Buch "The Lagoon" gewonnen hatte. Frame wurde für eine Leukotomie (Gehirnchirurgie) vorgesehen, aber nachdem er von dem Preis erfuhr, kündigte Dr. Palmer an: "Ich habe beschlossen, dass du so bleiben solltest, wie du bist. Ich will nicht, dass du verändert wirst." Für diesen Moment war er aus seiner medizinischen Weltsicht herausgetreten und fragte: "Wo oder wann sonst wäre dieses Verhalten nützlich?"

Im Jahr 1975 wurde Greg Newbold ins Gefängnis von Paremoremo eingeliefert, um eine siebeneinhalbjährige Haftstrafe wegen eines Drogendelikts zu verbüßen. Die meisten Menschen in seiner Situation finden ihr tägliches Leben zu begrenzt, um von großem Nutzen zu sein. Im Jahr 1978 aber legte Newbold seine Masterarbeit über die soziale Organisation von Gefängnissen vor. 1982 veröffentlichte er ein Buch über sein Gefängnisleben ("The Big Huey"). 1987 wurde er Doktor Greg Newbold Fakultätsmitglied in der Soziologie-Abteilung der Canterbury University. Er hatte eine bemerkenswerte Antwort auf die Frage gefunden: "Wo oder wann wäre das sonst nützlich?"

Viele brillante Erfindungen sind Kontext-Umdeutungen. An einem Septembermorgen 1928 überprüfte der schottische Wissenschaftler Alexander Fleming eine Petrischale mit Bakterienkulturen, die er in seiner Studie über Bakterien benutzte. Die Schale war verdorben: In der Ecke wuchs Schimmel. Fleming war im Begriff, die Petrischale hinauszuwerfen und beschwerte sich bei seinem Freund D.M. Price über das Ärgernis, als er etwas Seltsames bemerkte.

"Das ist komisch", murmelte er und nahm den Teller ab, um ihn zu studieren. Überall in der Nähe des Schimmels waren die Bakterien abgestorben. Obwohl Fleming dieses Phänomen vielen anderen Wissenschaftlern an diesem Tag zeigte, interessierte sich niemand. Nur Fleming hatte den Kontext umgedeutet. Der Penicillium-Schimmel, ein Ärgernis in der Petrischale, wäre ein Lebensretter, wenn man ihn auf Infektionen am Menschen anwenden könnte. Fleming hatte Penicillin entdeckt, das erste Antibiotikum. Er tat es mit jener Schlüsselfrage: "Wo oder wann wäre das sonst nützlich?"

Auch hier ist es bei der Anwendung dieser Fertigkeit an anderen Menschen wichtig, sich zuerst in deren Realität hineinzuversetzen (Pace). Stell dir vor, du wärst Berater, der mit Greg Newbold zusammenarbeitete, als er 1975 zum ersten Mal ins Gefängnis kam. Zu sagen: "Hey, Kopf hoch! Das wird wirklich nützlich sein, wenn du jemals ein Buch über Gefängnisse schreiben willst." wäre ziemlich herausfordernd und wenig erfolgversprechend. Es würde helfen, zuerst nachzudenken. "Dies war eine ziemlich schreckliche Zeit für dich, und es scheint, dass dein tägliches Leben zu begrenzt sein wird, um in den nächsten Jahren etwas Nützliches zu tun. Ich denke, einige der Erfahrungen, die du hier machst, könnten aber dennoch nützlich sein, wenn du jemals in der Situation wärst, Sozialpolitik zu studieren."

Noam Chomsky: Sozialkommentar als Reframing

Nehmen wir ein Beispiel für diese Umdeutung aus der Arbeit des sozialen Wandels. Vieles von dem, was Noam Chomsky als Redner tut, ist, Ereignisse so umzudeuten, dass sie nützlichere Bedeutungen annehmen. Über das Gefühl der Hoffnungslosigkeit, das diejenigen, die an gesellschaftlichen Veränderungen arbeiten, manchmal haben, bemerkt er: "Nimm als Beispiel den so genannten "Golfkrieg" – es war nicht wirklich ein Krieg, es war ein Gemetzel, aber nimm mal das Golf-Gemetzel als Beispiel. Es führte zu einer enormen Depression unter politischen Linken, weil die Menschen das Gefühl hatten, nichts dagegen tun zu können. Nun, wenn man nur eine Minute darüber nachdenkt, erkennt man, dass es genau das Gegenteil war; es war wahrscheinlich der größte Sieg, den die Friedensbewegung je hatte. Der Golfkrieg war das erste Mal in der Geschichte, dass es *vor Beginn* eines Krieges große Demonstrationen und Proteste gab – das hat es noch nie gegeben. Im Falle des Vietnamkrieges dauerte es fünf Jahre, bis jemand auf die Straße ging. Dieses Mal gab es massive Demonstrationen mit Hunderttausenden von Menschen, *bevor die Bombardierung* überhaupt begann." (Chomsky, 2002, S. 328).

Die Idee des Reframings ist, dass Ereignisse an sich keine "Bedeutungen" haben. Wir Menschen fügen ihnen Bedeutungen hinzu. Manchmal fügen wir Bedeutungen einfach durch die Art und Weise hinzu, wie wir sie beschriften; wie im Fall des Golfkrieges von 1991. In diesem Krieg gab es 35.000 zivile irakische Tote, und über 6.000 sich zurückziehende irakischen Soldaten wurden lebend von US-Panzern begraben, an deren Vorderseiten Pflüge befestigt waren, während die Koalitionstruppen keine Todesopfer zu beklagen hatten (Wright, 2003). Chomsky definiert diese Ereignisse als "Gemetzel" und nicht als "Krieg". Dann definiert er die Aktionen der Friedensbewegung, die vor Kriegsbeginn Hunderttausende von Demonstranten organisierte, als Erfolg und nicht als Misserfolg um und weist darauf hin, dass diese Umdeutung die Menschen der politischen Linken eine Menge Depressionen hätte ersparen können.

Angesichts seiner Leidenschaft für Umdeutung ist es kein Wunder, dass Chomsky sogar ein globales Gefühl der Hoffnungslosigkeit als etwas Positives sehen kann. Er argumentiert: "Ich glaube wirklich nicht, dass es in der modernen Geschichte eine bessere Zeit gegeben hat, sich daraufhin auszurichten, als es jetzt tatsächlich ist... Was wir also vor uns haben, ist eine Kombination aus einem sehr hohen Maß an Ernüchterung und einem sehr geringen Maß an Hoffnung und Wahrnehmung von Alternativen. Und genau hier müssten seriöse Organisatoren einspringen können." (Chomsky, 2002, S. 362). Dies ist ein interessanter Kommentar in Bezug auf die Theorie der Political Process Opportunities (Chancen im politischen Prozess), entwickelt von Sydney Tarrow und anderen. Tarrow behauptete, dass soziale Bewegungen entstehen, wenn es neue politische Kontexte gibt, die Chancen bieten. Tarrow sagt über solche Gelegenheiten "... obwohl sie nicht auf eigene Faust soziale Bewegungen ‚erklären', spielen sie im Allgemeinen die stärkste Rolle bei der Auslösung von Streit." (Tarrow, 1998, S. 199). Chomskys Kommentar legt nahe, dass solche "Chancen" selbst das Ergebnis der Umdeutung sind.

Ankern

Um die Jahrhundertwende untersuchte ein russischer Wissenschaftler namens Iwan Pavlov (1849-1936) die Verdauung bei Hunden. Er bemerkte, dass die Hunde begannen Speichel zu produzieren, bevor sie Fleisch bekamen - sobald sie den Mann, der sie fütterte, sahen oder sogar, sobald sie seine Fußstapfen hörten. Pavlov fand heraus: Wenn er – unmittelbar bevor er die Hunde fütterte – eine Stimmgabel erklingen ließ, diese nach ein paar Mahlzeiten jedes Mal zu speicheln beginnen, wenn er nur die Stimmgabel klingen ließ. Die Hunde speichelten, obwohl kein Fleisch zur Verfügung stand, weil das Speicheln in ihren Köpfen mit dem Klang der Stimmgabel "verankert" war (Pavlov, 1927).

Die Hunde *hatten nicht vor* zu speicheln. Diese unbewusste Reaktion wurde auf gleichermaßen unbewusste Weise mit dem Klang der Stimmgabel verbunden, bzw. *verankert*. Wir alle haben ähnliche Erfahrungen gemacht. Ein Song im Radio, den du seit vielen Jahren nicht mehr gehört hast, kann dich wieder in den Erinnerungen jener Zeit schwelgen lassen, in der du ihn vor Jahren gehört hast. Du beginnst, die Gefühle zu *fühlen*, die du damals hattest. Der ganze Zustand, in dem du damals warst, wird durch den Anker dieser Musik nachgebildet. Alle Strategien, die damals verwendet wurden, werden vom Anker reaktiviert (zum Beispiel die Fähigkeit, einen Tanz aufzuführen, den du seit dem letzten Hören dieser Musik nicht gemacht hast). Verankerung kann in jeder Hinsicht geschehen. Ein spezifischer Klang (auditiv), Anblick (visuell), Geschmack (gustatorisch), Geruch (olfaktorisch) oder Berührung (kinästhetisch) kann den gesamten Zustand, der ursprünglich damit verbunden war, wieder auslösen.

Um das klar zu stellen: Verankerung ist keine Erfindung von Pavlov. Tatsächlich ist die Verankerung ein ständig auftretender Teil des Lebens. Durch die Entwicklung von Techniken, die auf der Verankerung basieren, fügen wir der Welt nichts Neues hinzu; wir geben den Menschen die Kontrolle über das, was bereits geschieht. Staatliche Einrichtungen und Unternehmen nutzen, unterstützt von Marketing-Agenturen, diesen Prozess, indem sie die Nationalflagge hinter dem Schreibtisch des politischen Oberhaupts platzieren, die Nationalhymne oder ein Lied spielen, das in jungen Jahren populär war, oder wenn sie Menschen beim Feiern und Spaß zeigen, kombiniert mit einem Bild ihres kohlensäurehaltigen Getränks. Diese Prozesse schaffen bewusst Geisteszustände, die die Vermarkter in dir erwecken wollen (wie Patriotismus, Durst und Begeisterung). Verankerung zeigt dir, wie du das gleiche Phänomen in deinem Gehirn nutzen kannst, um dich zu motivieren, Dinge zu erledigen, dich zu entspannen, so dass du klare Entscheidungen treffen oder leicht in einer Gruppe arbeiten kannst... und um dich täglich mit deiner Lebensaufgabe zu inspirieren.

Der Prozess des Ankerns wurde von den NLP-Mitentwicklern Richard Bandler und John Grinder (1979, S. 79-136) "wiederentdeckt". Er kann verwendet werden, um jeden emotionalen Zustand, den jemand zu einem bestimmten Zeitpunkt in seinem Leben erlebt hat, mit Situationen zu "verbinden", in denen er diesen Zustand erleben möchte. In einer kontrollierten Studie, die in Deutschland veröffentlicht wurde (Reckert, 1994), beschreibt Horst Reckert, wie er in einer Sitzung die Testangst der Schüler mit dieser einfachen Technik beseitigen konnte. In einer anderen Studie diskutiert John Craldell den Einsatz von Ankern für den Zugang zu einem "Selbstfürsorgezustand", der für erwachsene Kinder von Alkoholikern nützlich ist (Craldell, 1989), und in einer dritten Studie diskutiert Mary Thalgott den Einsatz von Ankern zur Unterstützung von Kindern mit Lernbehinderungen (Thalgott, 1986). Damit ein Anker funktioniert, müssen vier Dinge geschehen.

1) Zustand: Wenn der Anker (z. B. die Stimmgabel) zum ersten Mal auftritt, muss sich die Person in dem Zustand befinden, den du später reproduzieren möchtest. Wenn Pavlov zuerst die Stimmgabel in einer Situation klingelte, in der die Hunde nicht sehr hungrig waren, wäre es nicht mit einem genügend starken Zustand verbunden gewesen. Als er später klingelte, in der Hoffnung, den Speichelfluss wieder zu aktivieren, wäre der Effekt dann auch nicht stark gewesen. Er musste den Anker benutzen, als die Hunde wirklich hungrig waren.
2) Präzises Timing: Ähnlich musste Pavlov die Stimmgabel genau dann klingeln lassen, als die Hunde speichelten, nicht fünf Minuten vorher oder nachher.
3) Einzigartigkeit: Der Anker muss einzigartig sein. Wenn Pavlovs Hunde zu anderen Tageszeiten Stimmgabeln hörten, hätte er einen einzigartigeren Klang finden müssen, der als Anker hätte verwendet werden können.
4) Wiederholbar: Wenn du später einen Anker verwenden möchtest, musst du ihn wiederholen können. Stell dir vor, Pavlov hätte einen riesigen Gong erklingen lassen. Es ist sehr einzigartig, aber wenn er den neuen Trick mit den Hunden an der Russischen Akademie der Wissenschaften hätte vorführen wollen, hätte er auch den Gong mitbringen müssen.

Da Verankerung immer geschieht und kein bewusster Prozess ist, haben die meisten Menschen auch ein paar Anker aufgeschnappt, auf die sie verzichten könnten. In meiner Arbeit als Berater habe ich vielen Menschen geholfen, solche Erfahrungen mit einem NLP-Prozess zu ändern, der als „Anker Kollabieren“ (Ankerverschmelzen) bezeichnet wird. Hier ist ein Beispiel.

John fragte, ob ich ihm helfen könnte, seine Ideen vor einer Gruppe besser zu präsentieren. Er sagte, er sei unglaublich ängstlich, vor einer Gruppe zu stehen: Es war mit vielen schlechten Erinnerungen verbunden - Zeiten, in denen er sich als Kind gedemütigt gefühlt hatte. Es wunderte ihn, weil er wusste, dass es einige kleinere Gruppen gab, in denen er sich völlig wohlfühlen konnte. Er wusste, dass er in den großen Gruppen, mit denen er zusammenarbeitete, wichtige Dinge zu sagen hatte, aber etwas an dieser Situation löste Angst in ihm aus. Vor Gruppen von mehr als zehn Personen zu sprechen oder sich einfach nur in einer größeren Gruppe aufzuhalten, versetzte John in einen Zustand, in dem er sich nervös fühlte. Alle seine Ressourcen, sein Vertrauen und seine Intelligenz waren nicht verfügbar, als er die Gesichter der Menschen sah, die ihn anblickten.

Ich erklärte John, dass ich die Anker-Technik verwenden würde, indem ich auf den Rücken seiner Fingerknöchel drückte, um dieses Problem zu lösen. Ein Fingerknöchel wäre ein Anker für "vor einer großen Gruppe stehen" und ein anderer Fingerknöchel wäre ein Anker für Vertrauen und Entspannung. Sobald ich diese beiden Anker gesetzt hatte und sie beide dann gleichzeitig drückte, würde das beide Zustände wieder in seinem Gehirn verbinden. Auf diese Weise würden die Ressourcen des Vertrauens und der Entspannung *automatisch und unbewusst* mit der Gruppensituation in Verbindung gebracht. John war skeptisch, aber bereit, alles auszuprobieren.

Ich begann mit der Verankerung der Ressourcen. Ich bat John, sich an eine Zeit zu erinnern, in der er sich wirklich entspannt gefühlt hatte, vielleicht im Urlaub. Ich ließ ihn in seinen damaligen Körper treten und sich erinnern, wie es sich anfühlte, zu sehen, was er sah, die Geräusche zu hören, die er dort hörte und alles zu hören, was er sich damals vielleicht gesagt hatte. Ich beobachtete ihn genau, wie er diese Zeit wieder erlebte. Als er wieder voll in den Zustand der Entspannung zurückkehrte (anstatt nur darüber nachzudenken), gab es Veränderungen in seiner Stimme, Haltung, Atmung, Hautfarbe und so weiter.

Ich musste diese Veränderungen sehen und hören, um zu wissen, dass John voll in dem Zustand war, den ich wollte. Als er sich besonders an die Dinge

erinnerte, die er sah, drückte ich einen seiner Fingerknöchel. Als er sich an die Dinge erinnerte, die er hörte, drückte ich ihn noch einmal. Als er sich an das Gefühl in seinem Körper erinnerte, drückte ich noch einmal. Er hatte damals kein internes Selbstgespräch.
Ich hatte jetzt einen entspannten Zustand mit einem einzigartigen Druck auf seinem Knöchel verankert. Ich bat ihn, aufzustehen und sich zu dehnen, um "den inneren Bildschirm zu räumen". Als nächstes wende ich das gleiche Vorgehen mit einer Zeit an, in der sich John unglaublich zuversichtlich gefühlt hatte. Wieder beobachtete ich die nonverbalen Verschiebungen, die mir sagten, dass er sich in einem Zustand des Selbstvertrauens befand, bevor ich ihn mit dem gleichen Fingerknöchel verankerte. Ich hatte jetzt diesen Fingerknöchel-"Anker" mit zwei ressourcenreichen Zuständen "gestapelt".

Nachdem wir ihn wieder aus diesem herausgeholt hatten, bat ich John, sich daran zu erinnern, als er vor einer Gruppe stand, mit der er vor kurzem gearbeitet hatte. Sein ganzer Körper verspannte sich sofort und seine Stimme wurde wackelig. Ich verankerte diesen Zustand auf einem anderen Fingerknöchel und sagte ihm, er solle wieder „den Bildschirm räumen". Nun war ein Fingerknöchel mit seinen Ressourcen verbunden, und einer mit der Problemsituation. Ich drückte dann beide Knöchel auf einmal und wartete auf die Veränderung. Johns Augen flackerten und ich begann zu sehen, wie sich sein Körper entspannte. Ich drückte ein paar Sekunden länger auf den Ressourcenanker.

Dann fragte ich John: "Versuche nun, an diese Gruppe zu denken."

John runzelte die Stirn. "Es ist komisch", sagte er, "ich finde es schwer, mich überhaupt daran zu erinnern, wie es aussah. Aber es fühlt sich ganz anders an."

"Versuche jetzt, das Gefühl zurückzuholen, das du früher hattest", schlug ich vor.

"Nein, das kann ich nicht", sagte er nach einer Pause.

"Früher konntest du das ganz gut machen." Ich erinnerte ihn daran.

"Das ist richtig, aber jetzt fühlt es sich einfach entspannt an."

Ich bat John, an sein nächstes Gruppentreffen zu denken, und fragte, was passiert sei, als er daran dachte. "Nun," lächelte er, "ich kann mir vorstellen, dass es okay sein wird: Aber ich weiß es nicht. Das werde ich dir am Montag sagen."

Am nächsten Tag kam er mit einigen dramatischen Nachrichten auf mich zu. "Letzte Nacht", sprudelte er über, "wollte ich planen, was ich bei dem Meeting sagen würde. Und ich dachte: ‚Das wird ziemlich mühselig sein‘, denn ich habe immer festgestellt, dass es ziemlich herausfordernd ist, mich dafür zu begeistern. Aber irgendwie war es ganz einfach. In der Tat hat es mir so viel Spaß gemacht, dass ich einen ganz neuen Vorschlag ausgearbeitet habe, den die Gruppe sich anhören sollte."

Ich nickte. "Also ich denke, jetzt bist du überzeugt, dass das Treffen am Freitag gut verlaufen wird."

"Nun, ich warte ab."

Kein Mann, der sich leicht überzeugen lässt. Am Montag nach dem Treffen war er endlich bereit, es zu akzeptieren. Er verkündete mit Stolz: "Zum ersten Mal in meinem Leben fühlte ich mich völlig entspannt, als ich mit dreißig Leuten sprach."

Für mich als der Mensch, der John geholfen hat, ist das Spannendste, dass John sein "Problem" mit seinen eigenen Ressourcen überwand. Sein Gehirn wusste schon, wie man entspannt und selbstbewusst ist. Es brauchte nur die neurologische Verbindung von diesem Zustand zur Gruppensituation. Obwohl Anker zu kollabieren eine der einfachsten NLP-Techniken ist, haben meine Kollegen und ich sie manchmal erfolgreich mit Phobien, Zwangsstörungen, Lernstörungen, Schlaflosigkeit, Depressionen und in vielen anderen Situationen eingesetzt, in denen die Ressourcen einer Person wieder mit neuen Bereichen ihres Lebens verbunden werden müssen. Ich möchte jedoch auch hinzufügen, dass es in der Regel auch andere Prozesse gibt, die ich in diesen Situationen verwenden würde, neben dem Ankern.

Neurologische Ebenen angleichen

Ein anspruchsvollerer Prozess für die Verwendung von Ankern besteht darin, dein Gefühl der Inspiration über den von dir angestrebten gesellschaftlichen Wandel zu verankern und es mit spezifischen Situationen zu verknüpfen, die du als Herausforderung empfunden hast. NLP-Trainer Robert Dilts nennt diesen Prozess "Neurologische Ebenen angleichen".

Unterschiedliche Perspektiven verändern die Bedeutung eines Ereignisses (Reframing). Robert Dilts weist darauf hin, dass man auf verschiedenen "Neurologischen Ebenen" auf eine Krise reagieren könnte, vom schmalen Fokus bis zum großen Ganzen.

1) **Umgebung:** Die einfachste Möglichkeit, Änderungen herbeizuführen, besteht darin, die Umgebung zu ändern oder zu einer anderen Umgebung zu wechseln.
2) **Verhalten:** Änderungen können auf dieser Ebene realisiert werden, indem jemandem die genauen Schritte aufgezeigt werden, die sie unternehmen muss.
3) **Fähigkeiten:** Tiefere Veränderungen können erreicht werden, indem man ganz neue Fähigkeiten erlernt.
4) **Glaubenssätze und Werte:** Grundlegende Veränderungen umfassen eine Änderung der Überzeugungen darüber, was möglich ist und was es wert ist, getan zu werden.
5) **Identität:** Noch tiefere Veränderungen können eintreten, indem ich eine neue Erfahrung davon bekomme, wer ich als Mensch bin und was ich in meinem Leben tue.
6) **Spiritualität:** Die tiefsten Veränderungen kommen von einem neuen Gefühl der Verbindung zu allem, was ist – zur Geschichte, zum Universum, zum Leben, zu Gott, zum Bewusstsein usw.

Um das praktisch zu erleben,

1. Wähle ein Problem, das du auf eine grundlegende Weise ändern möchtest.

2. Stehe irgendwo mit viel Platz vor dir (genug, um sechs Schritte vorwärts machen zu können). Denke an die Umgebung, in der das Problem auftritt (von dem du weg möchtest). Achte auf das, was du dort siehst und hörst.

3. Mach einen Schritt nach vorn. Überlege, was du in der Problemsituation tatsächlich tust und sagst. Lass einfach einen Film darüber ablaufen, was mit diesem Problem passiert.

4. Mach einen weiteren Schritt nach vorn. Wenn du diese Dinge tust, welche Fähigkeiten, welche Skills verwendest du (vielleicht

Gewohnheiten, die du lieber nicht anwenden möchtest, aber die du automatisch nutzt, oder Fertigkeiten, die nicht für dich zu funktionieren scheinen)? Und welche Fertigkeiten verwendest du nicht?

5. Mach einen weiteren Schritt nach vorn. Überlege, wegen welcher Überzeugungen du in dieser Situation handelst. Was glaubst du über dein Potenzial oder den Mangel daran und über die Situation, die du ändern möchtest? Beachte auch, was sich für dich wichtig anfühlt, wenn du in dieser Situation bist (vielleicht muss sich nur die Situation ändern)?

6. Mach einen weiteren Schritt nach vorn. Wer bist "Du" in dieser Situation? Was für ein Mensch bist du in dieser Situation? Wenn wir dich nur in dieser Situation kennen würden, wie würden wir dich dann erleben?

7. Mach einen weiteren Schritt nach vorn, und denke daran, dass du aus einem Grund hier bist. Du hast dich nur in diese Situation gebracht, weil du im weitesten Sinne versuchst, eine bessere Welt zu schaffen. Vielleicht hast du versucht, etwas anderes als Teil dieses Zwecks zu tun, aber dass dann diese Situation unerwartet aufgetreten ist. Oder vielleicht hast du geplant, in dieser Situation zu sein, und dann entdeckt, wie herausfordernd es ist. Du kannst vielleicht mit Worten nicht erklären, was der Grund dafür ist, aber beachte, dass es ihn jetzt gibt.

8. Erkenne, dass dieser "Grund" dich mit etwas Großem verbindet. Du könntest es als die Geschichte der Menschheit betrachten, als Gott, als das Universum und die Gesetze der Natur, als Bewusstsein oder Wesen oder einfach als Menschheit. Aber stelle es dir als eine riesige Energiequelle vor, die jetzt vor dir liegt. Mach einen weiteren Schritt vorwärts und trete in diese Energiequelle hinein. Spüre ihre Kraft, ihre Weite.

9. Wenn du diese Macht verspürst, mach einen Schritt zurück und merke, wie diese Macht deiner Mission in dieser Situation, deinem Grund weshalb du handelst, neue Kraft verleiht. Mach einen weiteren Schritt zurück und spüre, wie diese Macht das Gefühl dafür, wer du bist, verändert. Mach einen weiteren Schritt zurück und spüre, wie diese Macht das verändert, was du über diese Situation glaubst; das ändert, was dort wichtig erscheint. Mach einen weiteren Schritt zurück und

beachte, wie es die Fertigkeiten ändert, die du dort verwenden kannst, wie es dir neue Möglichkeiten gibt. Mach einen weiteren Schritt zurück und sei dir bewusst, wie die Verwendung dieser Fertigkeiten, mit dieser enormen Macht, das ändert, was du dort tun und sagen wirst. Mach einen weiteren Schritt zurück und sei dir bewusst, wie diese Handlungen, die mit dieser Macht durchgeführt werden, die Situation selbst verändern werden.

10. Danke dieser Macht.

Resilienz, Erholung und Chronizität

Während ich Menschen durch diese Prozesse führe, entdecken einige Leute, dass ihr eigener Denkstil sie daran hindert, positive Zustände zu verankern. Die Beschäftigung mit traumatischen Ereignissen wie Krieg und Tsunamis bietet einen weiteren Rahmen, um über diese wenig hilfreichen Denkstile nachzudenken.

Wenn ein traumatisches Ereignis eintritt, wird im Gehirn ein neuronales Netzwerk mit Erinnerungen an das Ereignis, Anweisungen über versuchte Reaktionen, eine Zeit-/Ortscodierung (Hippocampus) und eine Notfallbewertung (Amygdala) eingerichtet. Wenn der Notfall als schwach bewertet wird, tritt ein Muster der **Resilienz** auf, bei dem der Mensch durch das Ereignis zwar beunruhigt ist, aber dennoch in der Lage ist, normal zu funktionieren. Wenn die Bewertung hoch genug ist, dann wird zumindest für einige Zeit eine Reaktion im PTBS-Stil (posttraumatische Belastungsstörung) auftreten und der Mensch wird große Schwierigkeiten haben, normale alltägliche Aufgaben auszuführen.

Die zu dieser Zeit aktiven Neurotransmitter verbinden das neuronale Netzwerk und beinhalten wahrscheinlich eine Menge von Neurotransmittern wie Noradrenalin und Adrenalin. Das Ziel der Amygdala-Verbindung ist es, dass bei zukünftigen ähnlichen Ereignissen das neuronale Netzwerk Vorrang hat und in der Lage sein wird, den Frontalkortex (bewusstes Zielesetzen, etc.) daran zu hindern, das Leben zu gefährden, indem es eine geplante Reaktion bewusst durchdenkt.

Während dies meist Leben rettet, führt es gelegentlich zu einer Panikreaktion, die versehentlich durch sensorische Reize ausgelöst wird, die selbst nicht gefährlich sind. In diesem Fall werden die meisten Menschen das neuronale

Netzwerk in den nächsten Monaten nach und nach bearbeiten, so dass es tägliche Funktionen nicht mehr stört, ein Muster namens **Erholung**. Einige Leute haben einen Denkstil, der die Genesung erschwert (z.B. ein Muster der ständigen Überprüfung, falls etwas Schlimmes bald wieder passiert) und sie werden dann weiterhin langfristig Probleme haben, ein Muster namens **Chronizität**. Welches der drei Muster auftreten wird, hängt vom bereits existierenden Denkstil und Modell der Welt, früheren Erfahrungen mit ähnlichen Traumata, der Schwere der aktuellen traumatischen Ereignisse und der sozialen Unterstützung ab, die zum Zeitpunkt des aktuellen Traumas zur Verfügung steht.

Die American Psychological Association (Amerikanische Psychologische Gesellschaft) sagt, dass die Forschung darauf hindeutet, dass die Forschung mehrere "Wege zum Aufbau von Resilienz" unterstützt, um mit traumatischen Ereignissen fertig zu werden.

- gute Beziehungen zu engen Familienmitgliedern, Freunden und anderen aufrechtzuerhalten;
- Krisen oder stressvolle Ereignisse nicht als unerträgliche Probleme zu sehen;
- Umstände zu akzeptieren, die nicht geändert werden können;
- realistische Ziele zu entwickeln und sich auf sie zuzubewegen;
- in ungünstigen Situationen entschlossene Maßnahmen zu ergreifen;
- in einer Niederlage nach den Guten zu suchen;
- Selbstvertrauen zu entwickeln;
- eine langfristige Perspektive zu bewahren und das stressige Ereignis in einem breiteren Kontext zu betrachten;
- einen hoffnungsvollen Ausblick zu bewahren, Gutes zu erwarten und zu visualisieren, was man sich wünscht;
- sich um den eigenen Geist und Körper zu kümmern, regelmäßig Sport zu treiben, auf die eigenen Bedürfnisse und Gefühle zu achten und an entspannenden Aktivitäten teilzunehmen und sie zu genießen
- aus der Vergangenheit zu lernen
- Flexibilität und Gleichgewicht im Leben aufrechtzuerhalten

Die Forschung hat ergeben (Schnurr et al., 2004), dass US-Amerikaner japanischer Abstammung nur 14% der PTBS-Inzidenz hatten, die Amerikaner europäischer Abstammung hatten. Das übertrifft jede PTBS-Behandlungserfolgsrate! Auch polynesische (in der Forschung, insbesondere hawaiianisch; in vielerlei Hinsicht die gleiche Kultur wie neuseeländische maorisch oder samoanisch) Abstammung reduzierte PTBS-Raten auf 35%. Resilienz ist so ziemlich die essenzielle erfolgreiche menschliche Reaktion auf Katastrophen, die NLP herzustellen versucht (in der Tat sind NLP-Zielsetzung, Reframing und Dissoziation alle in den 10 Punkten oben aufgeführt). Beachte, dass die Forschung zeigt, dass Resilienz nicht ein festgelegtes Persönlichkeitsmerkmal ist, sondern vielmehr eine Reihe von Maßnahmen, die man wahlweise ergreifen kann. In der gleichen Studie wurde auch festgestellt, dass das Risiko an einer PTBS zu erkranken, sich fast verdoppelt, wenn man in der Vergangenheit Gewalt überlebt hat (177%). Gute Beziehungen puffern uns vor Schaden, schlechte signalisieren die Notwendigkeit zusätzlicher Unterstützung.

Muster der Chronizität

Die früher im Leben erlernten Denkstile sind es, die Veränderung und Genesung nach einem traumatischen Ereignis behindern. Der einfachste Weg mit ihnen umzugehen, besteht darin, dem Menschen zu zeigen, wie sie funktionieren, und ihn eine Alternative einüben zu lassen. Im Vergleich zu zehn Jahren Psychotherapie ist das nicht sehr glamourös, aber es ist viel billiger. NLP Trainer Andy Austin listet einige dieser "Muster der Chronizität" auf und hier haben wir seine Kategorien zur Erinnerung etwas angepasst.

Die große "Was wäre, wenn..." Frage. "Ja, aber, was wäre, wenn... was bedeutet... (ein Szenario, das man nicht in Griff kriegen kann)?" Die positive Absicht der negativen "Was wäre, wenn?"-Fragen besteht darin, zu versuchen, zukünftige Herausforderungen zu antizipieren und Lösungen zu finden, aber indem man sie auf unmöglichen Szenarien anwendet, wird der Mensch von Panik überwältigt. Glückliche Menschen verbringen nicht den ganzen Tag damit, zu fragen: "Was ist, wenn ich schrecklich sterbe?"

Die große "Warum...?" Frage. "Warum ist mir das passiert?" Die positive Absicht vergangener "Warum?"-Fragen ist es, neue Bedeutungen zu finden, aber viele Menschen lehnen jede mögliche zukunftsorientierte Bedeutung ab und suchen weiter, als ob sie versuchen, eine Bedeutung zu finden, die das traumatische Ereignis verändern oder die Vergangenheit neu erschaffen kann.

Die große "Vielleicht" Antwort. Wenn er gebeten wird, seine aktuelle Erfahrung einer Emotion einzuschätzen oder über seine internen Erfahrungen zu berichten, sagt der Mensch, dass er sich nicht sicher ist, oder stellt seine

Antwort mit "Vielleicht" vor. Die positive Absicht von "Vielleicht" Antworten ist es, Fehler wie falsche Hoffnung zu vermeiden, aber durch die Weigerung, sich auf bestimmte Daten festzulegen, kann dieser Mensch eine Veränderung nie messen und kann Erfolg nie erleben.

Testen auf die Existenz des Problems statt auf Veränderung. Auch wenn 99% Verbesserung erreicht werden könnten, wenn ein Mensch mit Chronizität in der Lage ist, nur 1% des bestehenden Problems zu lokalisieren, wird dies im Allgemeinen als repräsentativ für 100% des bestehenden Problems angesehen. Die positive Absicht von "Kann ich es noch tun?" ist es, Gefahren zu erkennen und effektiv darauf zu reagieren. Aber wenn ein Mensch keine Verbesserung bemerkt, installiert er das gesamte Problem kontinuierlich neu.

Negative Nominalisierungen. Der Mensch spricht über seine traumatischen Reaktionen, als ob sie "Dinge" und nicht Handlungen wären. "Ich habe Trauma", "Ich habe PTBS", "Ich habe ein verwundetes inneres Kind", "Ich habe eine klinische Depression." Die positive Absicht von negativen Nominalisierungen ist es, was geschieht zu erklären, indem man es kennzeichnet, aber das Ergebnis ist oft, dass die diskutierten Prozesse dauerhaft beschädigt erscheinen oder sogar als böswillig personifiziert werden und daher nicht einfach geändert werden können.

"In Wirkung sein“ und nicht "An der Ursache sein". Indem er sich als „in der Wirkung“ erlebt, erfährt der Mensch emotionale Probleme als etwas, das ihm geschieht, anstatt es als etwas zu erleben, das wegen ihm geschieht. Ein Mensch "in der Wirkung" wird Behandlung suchen, anstatt Veränderung zu suchen. Fragen wie "Wird das für mich funktionieren?" oder Aussagen wie "Es hat für mich nicht funktioniert," und "Es hat einen Tag lang funktioniert und dann kam das Problem zurück," setzen voraus, dass das Problem und der NLP-Prozess zu 100 % verantwortlich sind und der Mensch selbst 0 % für seine eigenen Ergebnisse verantwortlich ist. Die positive Absicht der "in der Wirkung"-Antworten ist es, zu erklären, was geschieht, ohne sich schuldig dafür zu fühlen. Indem Menschen aber nicht die Möglichkeit zulassen, dass ihre Reaktionen ihre innere Erfahrung beeinflussen, machen sie es unmöglich, ihre Erfahrung zu ändern.

Ankern in Bewegungen des sozialen Wandels

Diese Muster der Chronizität zu brechen, ist für dein Überleben als Agent des Wandels unerlässlich. Es geht darum, zu lernen, wie man das zuvor diskutierte

Reframing verwendet. Und dies steht im Zusammenhang mit der sorgfältigen Anwendung des Ankerns.

Der neuseeländische Gemeindearbeiter Ewen Derrick fasst seine Studie über eine Reihe erfolgreicher Prozesse des sozialen Wandels zusammen und fordert die Aktivisten anschließend auf: "Schau dir deine eigenen Bedürfnisse an. Wenn du mit Entfremdung arbeitest und umgehst, wirst auch du einige anhängliche Personen anziehen. Stelle sicher, dass du eine professionelle Support-Gruppe und jemanden hast, den du respektierst und mit dem du Ereignisse, Fortschritte und deine eigenen Bedürfnisse besprechen kannst... Nimm dir regelmäßig eine Auszeit. Gehe woanders hin als an Orte, an denen du dich mit deiner Arbeit identifizierst. Nimm an Veranstaltungen teil, die deine eigenen kulturellen und spirituellen Ressourcen stärken... Die Bedeutung des Feierns sollte der Sozialarbeiter nie übersehen. Egal wie klein der Sieg ist, die Gruppe sollte sich versammeln, um Essen, Trinken und Gesang zu teilen." (Derrick, 1982, S. 118-119). Derrick diskutiert hier die absichtliche Verankerung positiver Zustände und die Gefühle, die bereits mit der eigenen Kultur und Spiritualität verbunden sind, um die weniger angenehmen Anker der Arbeit mit Entfremdung und Entmachtung wegzuräumen. NLP bietet eine sehr explizite Möglichkeit, dies zu tun, wie oben demonstriert wurde.

In Gesprächen mit der französischen Regierung über ihre Atomtests im Pazifik spielte die neuseeländische Aktivistin Kate Dewes eine zentrale Rolle. Sie erklärt: "Ein weiteres Beispiel für unsere komplementären Rollen war, als die Franzosen sich weigerten, bei Formulierungen im Abschlussdokument in Bezug auf das Ausmaß des internationalen Widerstands gegen ihre Atomtests, nachzugeben. Unsere Diplomaten waren äußerst frustriert über die Blockadetaktik, die von bestimmten Beamten angewandt wurde. Eines Abends sprach die neuseeländische Delegation mit westlichen Diplomaten, und ein französischer Diplomat bat mich zum Tanzen. Scherzhaft sagte ich ihm, ich würde mit ihm nur tanzen, wenn er sich bereit erkläre, bei der Einrichtung eines unabhängigen internationalen wissenschaftlichen und medizinischen Inspektionsteams zu helfen, das nach Mururoa gehen sollte, um die Schäden aus den Tests zu bewerten: etwas, das die internationale Friedensbewegung seit vielen Jahren gefördert hatte. Schließlich gab er nach und wir tanzten kurz und sprachen über unsere Töchter und ihre Zukunft in einer Welt mit Atomwaffen. Als er sich verabschiedete versprach er, mir am nächsten Tag ein Foto seiner Töchter zu zeigen. Als ich am nächsten Morgen in der Mission ankam, war ich wütend, in den Telegrammen zu lesen, dass

Frankreich über Nacht zwei Atombomben in Mururoa gezündet hatte. Entschlossen, ihn zu konfrontieren, machte ich mich direkt auf den Weg zur UNO, wo wir einen langen und leidenschaftlichen Austausch hatten. Ich forderte ihn auf, in der Broschüre „Pacific Women Speak“ über Frauen zu lesen, die ‚Quallen-Babys‘ zur Welt brachten und den Artikel auch seiner Frau zu zeigen und sein Gewissen zu erforschen. Er war sichtlich gerührt und stimmte widerwillig zu, mit seiner Delegation über eine Änderung des Wortlauts im Abschlussdokument zu sprechen. Als ich dies unserem Botschafter berichtete, war er überglücklich und bat mich, dem Ministerium beizutreten. Im Nachhinein war es mir klar, dass es die Freiheit, die moralische Autorität der Mutterschaft zu beschwören und stark zu sprechen, ohne Angst davor zu haben, einen Arbeitsplatz zu verlieren oder mein Land in Verlegenheit zu bringen, was diesen Wandel ermöglichte." (Dewes, 1998).

Hier hat Dewes den französischen Diplomaten eingeladen, auf die Erfahrung des Elternseins zuzugreifen. In dieser Position verankert, sieht er dann die Situation neu und ändert, was er tut. Dewes hat ihn wieder in einen sehr einfachen Zustand gebracht; den Zustand der elterlichen Liebe. Bell Hooks, geboren Gloria Watkins, ist eine afroamerikanische Feministin und Anti-Rassismus-Aktivistin, die den Buddhismus als eine Möglichkeit angenommen hat, eine "gewisse Qualität von Achtsamkeit und Ruhe" in ihr Leben als Sozialarbeiterin zu bringen (d.h. als eine Methode, Ruhe zu verankern). Sie sagt: "In dieser Gesellschaft gibt es keinen mächtigen Diskurs über Liebe, der entweder von politisch progressiven Radikalen oder von links hervorgeht... Das Fehlen einer nachhaltigen Fokussierung auf die Liebe in progressiven Kreisen ergibt sich aus einem kollektiven Versäumnis, die Bedürfnisse des Geistes anzuerkennen, und einer überbetriebenen Betonung auf materiellen Anliegen. Ohne Liebe sind unsere Bemühungen, uns und unsere Weltgemeinschaft von Unterdrückung und Ausbeutung zu befreien, zum Scheitern verurteilt." (Zitiert in Walljasper et alia, 2001, S. 118). Der französische Revolutionär Daniel Cohn-Bendit betont es auf der letzten Seite seines Berichts über den französischen revolutionären Aufstand von 1968 mit den Worten: "Leser, du bist am Ende dieses Buches angekommen, ein Buch, das nur eines sagen will: Zwischen uns können wir diese verfaulte Gesellschaft verändern. Jetzt ziehe deinen Mantel an und gehe zum nächsten Kino. Schau dir ihr tödliches Liebesspiel auf dem Bildschirm an. Ist es im wirklichen Leben nicht besser? Entscheide dich, Lieben zu lernen." (Cohn-Bendit, 2000, S. 231).

Irgendwann hast du diese Liebe gespürt, und du hast in diesem Moment gewusst, dass eine Gesellschaft, die auf Liebe basiert, dein Geburtsrecht ist.

Ankern ist eine Möglichkeit, dich in jedem Moment deiner Arbeit an die Freude dieser Erkenntnis zu erinnern. Es ist ein Weg, diese revolutionäre Gesellschaft jetzt beginnen zu lassen – in dir. Cohn-Bendit schlussfolgert: "Bleibe eine Weile auf der Straße. Schau dir die Passanten an und erinnere dich: Das letzte Wort ist noch nicht gesprochen. Dann handele. Handele mit anderen, nicht für sie. Mach die Revolution hier und jetzt. Es ist deine eigene. *C'est pour toi que tu fais la révolution*." (Cohn-Bendit, 2000, S. 231). Du machst die Revolution für Dich selbst!

Beziehungen erschaffen, die überleben

Sozialer Aktivismus fokussiert uns auf das, was wir ablehnen, und dies ist etwas, was wir nicht in unsere intimen Beziehungen mit nach Hause bringen sollten. Das Überleben unserer intimen Beziehungen ist ein wichtiger Teil davon, dass wir unsere Resilienz und unsere Menschlichkeit als Agenten des Wandels beibehalten. Wenn wir nicht einmal eine einzige liebevolle Beziehung zu unserem Freund oder Partner erschaffen können, wie stellen wir uns dann vor, dass wir eine kooperativere Welt erschaffen können? In diesem Kapitel möchte ich überprüfen, was wir aus der Forschung darüber wissen, wie man Freundschaften herstellt, die herausfordernde Zeiten überleben.

Es ist kein Geheimnis, dass eins-zu-eins intime Beziehungen (wie die Ehe) in der heutigen Welt schwieriger aufrechtzuerhalten sind. In den Vereinigten Staaten beispielsweise enden zwischen 50 % und 67 % erster Ehen in Scheidung, und der Prozentsatz ist höher für jede folgende Ehe und höher für nichteheliche intime Partnerschaften. Ein trauriges Ergebnis davon ist eine zunehmende Häufigkeit von Krankheiten. Diejenigen von uns, die in der Lage sind, in einer intimen Beziehung zu bleiben (ob wir männlich oder weiblich sind), werden etwa vier Jahre länger leben, was den Lebensstil von Paaren zu einer der bedeutendsten bekannten Lebensverlängerungs-Interventionen macht (Gottman and Silver, 1999, S. 4). Die Kosten einer Trennung in wirtschaftlicher Hinsicht sind die Quelle vieler Witze, aber es ist auch eine realistische Tatsache, dass Menschen, die sich trennen, nachdem sie für eine längere Zeit zusammengelebt haben, ihre finanzielle Zukunft erheblich beeinflussen.

Die Gottman Revolution der Paarberatung

Forscher der Washington University und Ehetherapeuten John und Julie Gottman in Seattle standen an der Spitze einer Revolution in der Arbeit mit Paaren. Ihre tiefgründige Forschung an mehr als tausend Paaren in den letzten dreißig Jahren hat viele geschätzte Theorien darüber widerlegt, was intime Beziehungen funktionieren lässt. Es hat sich beispielsweise gezeigt, dass im Allgemeinen die Persönlichkeitsmerkmale und sogar das objektive Ausmaß der Ähnlichkeit zwischen den Persönlichkeitstypen eines Paares für das eheliche Glück irrelevant sind. Selbst die Anzahl der Auseinandersetzungen zwischen dem Paar bestimmt nicht das Gefühl der Zufriedenheit oder die Wahrscheinlichkeit einer Trennung des Paares. Bei glücklichen Paaren nimmt jedoch jeder Mensch den Partner als eine funktionale Person (mit gewissen

Eigenheiten), die ihm auch grundsätzlich ähnlich ist, wahr. Bei glücklichen Paaren nimmt jeder Partner Auseinandersetzungen als nützliche und überschaubare Ausdrucksformen von Unterschieden wahr. In unglücklichen Beziehungen empfindet jeder Partner den anderen als grundsätzlich fehlerhaft und anders als man selbst. Konflikte werden als emotional traumatische Erlebnisse wahrgenommen (Gottman, 1999, S. 19-21).

Wenn Paare 24 Stunden am Tag auf Video aufgenommen werden, ist der Unterschied zwischen glücklichen und unglücklichen Paaren sehr gering – zum Beispiel sind es glückliche Paare, die etwa 100 Worte an positiven Kommentare mehr pro Tag sagen (bloß 30 Sekunden mehr positives Reden) im Vergleich zu unglücklichen Paaren. Aber diese 30 Sekunden sind entscheidend (Gottman, 1999, S. 59). Darüber hinaus gibt es subtile Unterschiede in den sprachlichen Mustern, die erfolgreiche Paare vor, während und nach einem Streit verwenden. Diese Unterschiede in den sprachlichen Mustern durchdringen jedoch die gesamte Beziehung, nicht nur die Auseinandersetzungen. Gottmans Forscher haben gezeigt, dass sie genau vorhersagen können, ob ein Paar sich scheiden lässt, indem sie nur ein fünfminütiges Gespräch zwischen dem Paar zuhören, indem sie die spezifischen Sprachmuster identifizieren und die spezifischen nonverbalen Antworten sehen, die sie einander geben (Gottman und Silver, 1999, S. 3). Sie können vorhersagen, ob ein Paar zwölf Jahre später zusammen sein wird, und zwar mit 96% Genauigkeit. Aber diese detaillierten Unterschiede sind nicht nur beim Streiten zu sehen. Wie Gottman sagt, hat seine Forschung gezeigt, dass "erfolgreiche Konfliktlösung nicht das ist, was Ehen zum Erfolg führt." (Gottman und Silver, 1999, S. 11). Die Bildung einer intimen Beziehung, zeigt Gottmans Forschung, ist die Bildung einer ganz neuen Kultur. Es ist die Qualität der Freundschaft zwischen dem Paar, wie in ihrer genauen verbalen und nonverbalen Kommunikation bewiesen wird, die zählt, sowohl für Männer als auch für Frauen.

Gottman sagt: "In meiner Therapie wird der gesamte Problemlösungsprozess neugestaltet, um die grundlegenden Lebensträume der Menschen zu identifizieren und zu harmonisieren. Ein Großteil des Prozesses der Konfliktlösung ist eine Erkundung, wie die eheliche Freundschaft nützlich sein kann, um die Lebensträume des anderen wahr werden zu lassen." (Gottman, 1999, S. 184).

Wem gehört das Problem?

Ich trainiere Ausbilder eines Prozesses zur Schaffung kooperativer Beziehungen. Dieser Prozess, genannt Transforming Communication (Transformation von Kommunikation), wird in mehreren anderen Büchern ausführlicher erläutert. Hier möchte ich dir nur die Grundlagen schnell vorstellen.

Um die Methode der Transformation von Kommunikation in jeder Beziehungssituation zu verwenden, prüft man einfach, ob in diesem Moment der eigene innere Zustand erwünscht ist oder nicht (ein "Problem", wie NLP-Trainer Robert Dilts notiert in Dilts, 1993, S. 193, ist eine beliebige Entfernung zwischen dem gegenwärtigen und dem gewünschten Zustand). Man tritt dann in das ein, was NLP "zweite Position" nennt, und prüft, ob der interne Zustand des anderen Menschen von ihm gewünscht wird oder nicht. Es gibt vier mögliche Ergebnisse für diese Kontrollen (Gordon, 1974, S. 38-39):

1) Keiner von uns hat ein Problem. Wenn beide Zustände gewünscht sind, dann gibt es kein Problem, und der Fokus der Kommunikation kann auf individuellem und gegenseitigem Genuss liegen. In der Situation, in der keiner von uns ein Problem hat, kann man eine größere Auswahl an Sprachmustern sicher verwenden (sicher im Sinne der Wahrung unserer beider Selbstachtung und der Erhaltung der Beziehung). Dieser Bereich bietet uns das größte Potenzial, persönlich zu wachsen, da jeder von uns Energie von Problemlösungen frei hat, um sich auf Ziele und Entdeckungen zu konzentrieren. Es ist der Bereich, in dem ein Paar sein "positives emotionales Bankkonto" aufbaut, auf das es bei der Konfliktlösung zurückgreifen kann. Gottmans Forschung zeigt, dass erfolgreiche Paare etwa 20 Minuten pro Tag für nicht-problematische Aktivitäten nehmen, wie:

- Einfach auf jeden Kommentar oder nonverbale Kommunikation seines Partners antworten. Solche Mitteilungen werden von John Gottman als "Gebote" (für Aufmerksamkeit oder Fürsorge) bezeichnet und in einer gesunden Beziehung werden die meisten Gebote erwidert. Sowohl Kooperation als auch Meinungsverschiedenheit sind Anzeichen für ein erfolgreiches Gebot, aber bei unglücklichen Paaren werden über 50% der Gebote nicht einmal vom Partner erkannt (Gottman, 1999, S. 201).
- Positive und anerkennende Kommentare über die Beziehung äußern. Das Verhältnis von positiven Kommentaren zu negativen Kommentaren in erfolgreichen Beziehungen beträgt ungefähr 5 zu 1, während es in erfolglosen Beziehungen weniger als 1 zu 1 ist. Dies

gilt sowohl im Konflikt als auch in alltäglicher Interaktion (Gottman, 1999, S. 59-61). Tatsächlich stellte Gottman fest, dass Teilnehmer (insbesondere Frauen) in erfolgreichen Beziehungen dazu neigten, die Menge negativer Kommentare ihrer Partner über irgendetwas zu überwachen und zu begrenzen. In erfolglosen Beziehungen akzeptierten sie, dass ihr Partner ein Recht darauf hatte, ständig und unproduktiv wütend, unglücklich und vorwurfsvoll – gegenüber sich selbst und anderen – zu sein (Gottman, 1999, S. 73-74).

- Die Werte und Träume beider Beziehungspartner zu diskutieren, gemeinsame Werte zu finden und gemeinsame Bedeutungen zu schaffen. Auf die Geschichte ihrer Beziehung zurückzublicken und sie als eine positive Geschichte der Freundschaft umzudeuten.
- Gemeinsame Mahlzeiten und gemeinsame Hausarbeit. Gemeinsam ausgehen, sowohl für praktische Zwecke wie Einkaufen, als auch für Unterhaltung.
- Nachdem man etwas Zeit voneinander getrennt war, trifft man sich und fragt, was der andere erlebt hat und hört sich die Geschichte des anderen an.

Wenn sich einer der Menschen in einem unerwünschten Zustand befindet, dann "het er ein Problem" nach den Begriffen, die zuerst von Dr. Thomas Gordon (1955) verwendet wurden. Dies bedeutet nicht, dass jemand "schuld" ist oder etwas ändern "sollte". Es bedeutet einfach, dass er sich nicht in seinem gewünschten Zustand befindet. Mögliche Ergebnisse 2), 3) und 4) beziehen sich auf diese Situation.

2) Der andere hat ein Problem. Wenn ich in einer Beziehung bin, in der ich mich in diesem Moment gut fühle, und der Beziehungspartner nicht (d.h. er ist in einem unerwünschten oder "Problem"-Zustand), kann es nützlich sein, meine Aufmerksamkeit darauf zu konzentrieren, den anderen zu unterstützen, seinen gewünschten Zustand zu erreichen. Dieser Prozess tritt auf, wenn du deinem Ehepartner zuhörst, der von einem schwierigen Tag spricht, oder wenn du anbietest, deinem Mitarbeiter zu helfen, eine neue Arbeitsaufgabe zu lernen und erfolgreich ausführen zu können. Die effektivsten Fähigkeiten für das Helfen sind diejenigen, die den Problemraum und den gewünschten Zustand sprachlich als innerhalb der Erfahrung der anderen Person existierend identifizieren (ich werde zum Beispiel sagen: "Was du also ändern willst, ist..." anstatt "Was du meiner Meinung nach ändern solltest, ist ..."). Diese Fähigkeiten vermeiden eine Bevormundung des anderen, wie mit Vorschlägen dazu, was er anpeilen "sollte", fühlen "sollte" und wie er mit etwas fertig sein "sollte". Zu diesen Fähigkeiten gehören:

- Non-verbaler Rapport. Gottmans Forschung zeigt die Kraft dessen, was NLP Matching und Mirroring (Spiegeln) nennt. Paare, die sich verstehen können, verändern ihren Körper tatsächlich so, um zu erfahren, was der andere erlebt. Sie atmen im gleichen Rhythmus, sitzen in ähnlichen Positionen und verwenden eine ähnliche Stimmtonalität. Sogar ihre Herzfrequenzen passen sich gegenseitig an (Gottman, 1999, S. 27). Wir haben dies unter der Überschrift "Rapport" in einem früheren Kapitel schon diskutiert.
- Offene Fragen, die den Partner zum Gespräch einladen. Diese beginnen in der Regel mit den Worten "Wie...?" und "Was...?" anstatt mit dem aufdringlicheren "Warum...?" oder Leitfragen wie "Hast du...?", "Hast du nicht...?" und "Denkst du nicht...?" und "Machst du...nicht?"
- Reflektierendes Zuhören. Dabei geht es darum, die eigenen Erfahrungen, Meinungen und Gefühle des Partners in Wörtern zu wiederholen, die seinen ähneln, z.B. "Das war dann eine unangenehme Erfahrung." oder "Du wolltest eine andere Perspektive.". Insbesondere in dieser Situation (wo der Partner ein Problem hat) stellte Gottmans Forschung fest, dass reflektierendes Zuhören die stärkste Antwort von Mitgliedern erfolgreicher Beziehungen war (Gottman und Silver, 1999, S. 87-89).

3) Ich habe ein Problem. Wenn ich in einer Beziehung bin, in der mein Partner sich in diesem Moment wohl fühlt, und ich nicht (d.h. ich befinde mich in einem unerwünschten oder "Problem"-Zustand), kann es nützlich sein, meine Aufmerksamkeit darauf zu richten, wie ich meinen gewünschten Zustand erreichen kann. Dieser Prozess könnte als Problemlösung bezeichnet werden. Wie wir im NLP wissen, haben die Menschen ein Problem als Reaktion auf bestimmte interne Darstellungen. Wenn die Darstellungen im Zusammenhang mit meinem Problemzustand den Beziehungspartner betreffen (wenn ich verärgert oder wütend oder verletzt "über etwas, das er getan hat" bin, zum Beispiel), dann wird dieser Prozess der Problemlösung Assertion (Durchsetzung) genannt. Zum Beispiel habe ich ein Problem: Ich bin frustriert, weil mein Ehepartner das Geschirr nicht gewaschen hat, oder es ärgert mich, dass ich am Ende zusätzliche Arbeit leisten musste, weil mein Partner nicht rechtzeitig nach Hause gekommen ist. Eine effektive Durchsetzung wird eine sein, die das Problem und den gewünschten Zustand sprachlich als innerhalb meiner eigenen Erfahrung identifiziert ("Was ich ändern möchte, ist..." anstatt "Was du tun könntest, ist..."). Diese Fertigkeit wird als "Ich-Botschaft" bezeichnet (Gordon, 1974, 139-145). In einem Konflikt identifiziert eine klare Ich-Botschaft:

- das sensorisch-spezifische Verhalten, das Gegenstand des Anliegens ist,
- den inneren Zustand (Emotion), den ich als Reaktion auf dieses Verhalten erzeugt habe,
- alle sensorisch-spezifischen Auswirkungen dieses Verhaltens auf mich.

Ein Beispiel für das Format einer Ich-Botschaft wäre "Wenn... [sensorisch-spezifisches Verhalten], fühle ich... [kongruente Beschreibung meines inneren Zustands] und die Wirkung auf mich ist... [sensorisch-spezifische Auswirkungen des Verhaltens]". Diese Struktur vermeidet es, den anderen Menschen zu beleidigen oder ihm die Schuld zu geben, und vermeidet es, ihn zu bevormunden, indem man ihm sagt, was er tun sollte. Indem keine spezifische Lösung vorgeschlagen wird, ruht der Prozess der Lösungsgenerierung so lange, bis die Situation des anderen gehört wurde und berücksichtigt werden kann (wie in den folgenden Beispielen). Hilfsfertigkeiten allein werden in dem Bereich, in dem ich ein Problem habe, wirkungslos sein, weil sie dem anderen Menschen suggerieren, dass es an ihm liegt, welche Lösung erreicht wird.

Im Allgemeinen ist es wichtig zu verstehen, dass Ich-Botschaften einen sanften Start in eine Diskussion ermöglichen, die dein Problem lösen kann, anstatt als ein "letztes Wort" zu gelten, das das Problem löst. Oft, wenn du eine Ich-Botschaft sendest, wirst du feststellen, dass der andere nicht damit glücklich ist, sich zu ändern, weil er selbst eine andere Meinung oder ein anderes Problem hat.

4) Wir beide haben ein Problem. Diese Situation impliziert, dass eine Kombination von sprachlichen Fertigkeiten nützlich sein wird (Also, was du willst, ist... und was ich will, ist...). Wenn wir beide ein Problem als Reaktion auf verwandte interne Darstellungen besitzen, dann ist diese Situation ein "Konflikt". Das bedeutet nicht, dass wir unbedingt gegeneinander gerichtet sind, oder dass einer von uns gewinnen und einer verlieren muss. Es bedeutet einfach, dass wir beide verärgert, wütend, verletzt usw. über verwandte Themen sind (z.B. ich denke, wir sollten mehr Zeit miteinander verbringen und der andere mehr persönlichen Raum will. Ich möchte morgen das Familienauto nutzen und mein Partner auch). Solche Situationen profitieren von einer Kombination aus helfenden und durchsetzenden Fähigkeiten sowie von spezifischen Konfliktlösungsfähigkeiten (einschließlich Win-Win-Konfliktlösung, Beratung und Modellierung).

John Gottmans Forschung zeigt, dass erfolgreiche Paare sich nicht nur in ihrem Umgang mit Konflikten unterscheiden, sondern auch im Umgang mit jedem dieser vier Problembesitzbereiche. Das bedeutet, dass ein effektives Coaching für Paare das Paar in jedem der vier Bereiche unterschiedlich coachen muss (Gottman, 1999, S. 59-61).

Ein Anliegen effektiv vorbringen

Die Situation wäre sehr einfach, wenn das jeweilige Problem während jedes Gesprächs konstant bliebe. Wenn dies der Fall wäre, würde in der "Kein-Problem"-Situation ein Gespräch aus der gemeinsamen Erforschung positiver Zustände und Ergebnisse bestehen. In der Situation "der Andere hat ein Problem" würde ein Gespräch sich einfach dem Dilemma des anderen annehmen und dem anderen helfen, zu klären, was sein Wunschergebnis ist, und ihn durch Prozesse führen, um Veränderungen in dieser Richtung zu unterstützen. In der Situation "Ich habe ein Problem" würde ein Gespräch einfach darin bestehen, meinen Standpunkt zu vertreten und die von mir gewünschten Änderungen zu benennen.

Im wirklichen Leben ist es nützlicher, wenn ich ständig meine sich verändernden inneren Zustände und die des anderen beobachte und meinen Sprachgebrauch so anpasse, dass er die Verschiebungen des Problemeigentums am besten repräsentiert. Viele von diesen sind natürlich ein Ergebnis meiner eigenen früheren Kommunikation. Wenn ich zum Beispiel gerade dabei bin, meinem Partner bei der Lösung seines Problems zu helfen, stelle ich vielleicht fest, dass es mir selbst unangenehm ist, wenn mein Partner darauf besteht, dass ich mir seine Beschwerden über das, was schief läuft, anhöre, und nicht in einen ergebnisorientierten (lösungsorientierten) Rahmen wechselt. Von der Verwendung von Hilfsfertigkeiten ("Für dich ist das Problem also..." und "Was du willst, ist...") würde ich dann auf Ich-Botschaft umstellen ("Etwas, das ich über die Art und Weise, wie du sprichst, frustrierend finde, ist..." und "Ich würde es einfacher finden, zu helfen, wenn...").

Vor allem, wenn ich eine Ich-Botschaft verwendet habe, passiert es oft, dass mein Partner sich in den Problemzustand selbst versetzt (er fühlt sich also unwohl aufgrund meiner Kommunikation mit ihm). Wenn jemand meine Ich-

Botschaft hört, "Ich habe mich darüber geärgert, dass du mir diesen Bericht nicht rechtzeitig zugestellt hast, so wie wir das ausgemacht hatten. Das hat mich viel Arbeit gekostet", reagiert er selten mit kongruenter Freude und Lust darauf, es beim nächsten Mal besser zu machen. Wenn du an Zeiten denkst, in denen jemand, wie geschickt auch immer er sich auf diese Weise dir gegenüber durchgesetzt hat, wirst du feststellen, dass du eher Gefühle von Peinlichkeit, Unbehagen, Verletzungen, Ärger und unpassenden Reaktionen erfährst. Das heißt, es ist eher wahrscheinlich, dass du ein Problem mit der Botschaft, und möglicherweise mit dem Thema, haben wirst.

Wenn ich eine Ich-Botschaft (Assertions-Fertigkeit) verwendet habe und der andere Mensch ein Problem damit hat, wird der nächste Problemlöse-Schritt darin bestehen, sich von der Assertion zu lösen und ihm zu helfen, sein eigenes Problem zu beheben. Um dies zu tun, benutze ich einfach reflektierendes Zuhören (ein helfendes Sprachmuster), um seinem Anliegen zu entsprechen (z.B. "Du denkst, ich überreagiere..."). Wie NLP aufzeigt, gibt es keinen Widerstand, sondern nur einen Mangel an Rapport. Sobald sich der Partner in seinem eigenen Problemzustand vollständig gehört fühlt (in der Regel durch ein Kopfnicken belegt), wird es möglich, meine Ich-Botschaft unter Berücksichtigung seines Kommentars zu wiederholen. Da er jetzt gehört wurde, wird seine "emotionale Temperatur" heruntergefahren, und er wird in der Lage sein, mein Anliegen zu hören und positiv darauf zu reagieren.

Der Prozess der Lösung einer solchen Situation durch den Wechsel zwischen Ich-Botschaften und reflektierendem Zuhören wird in „Transformierende Kommunikation“ als der Zweischritt bezeichnet, weil es wie ein Tanz ist. So könnte es in einer Diskussion in der Praxis klingen, in der Joan dieses Modell auf ein Anliegen mit ihrem Arbeitskollegen Frank anwendet (beachte, dass, wenn Frank das Modell können würde, der Prozess noch fließender wäre. Joan kann das Modell aber unabhängig davon verwenden):

Joan: Frank, ich habe ein Problem, das ich besprechen möchte. Du bist letzte Woche eine Stunde später als erwartet nach Hause gekommen und so hatte ich abends nicht die Zeit für mich, die ich mir erhofft hatte, und ich denke, ich bin ein bisschen verärgert darüber, dass ich so viel von meinem Tag mit der Betreuung der Kinder verbringen musste. [Joan "hat" ein Problem: Sie ist diejenige, die sich Sorgen über das, was geschehen ist, macht. Also benutzt sie eine Ich-Botschaft. Frank fühlt sich okay, also hat er zunächst kein Problem.]

Frank: [seufzt] Beruhige dich, Joan. Ich war heute einfach sehr beschäftigt;

Das ist alles.

Joan: Du denkst, meine Reaktion ist übertrieben, und dass du eine Menge Arbeit hast. [Frank antwortet und weist darauf hin, dass er ein Problem hat, also führt Joan den Zweischritt aus und hört ihm reflektiv zu.]

Frank: [nickt] Sicher. Aber nicht besonders schlimm.

Joan: Nun, ich möchte immer noch sicherstellen, dass ich Zeit für mich selbst habe, um die Dinge zu tun, die ich wirklich tun möchte. Mein Tag ist auch lang. [Franks Nicken deutet darauf hin, dass er sich paced/verstanden fühlt. Joan führt also den Zweischritt aus und wiederholt ihre Ich-Botschaft.]

Frank: Schau, ich habe einfach vergessen, wie wichtig dir das ist. Ich werde umsichtiger sein. Wie wäre es, wenn ich das gutmache und dir am Wochenende zusätzliche Zeit verschaffe, sollte ich in der Zukunft spät nach Hause kommen.

Joan: Danke. Ich würde mich über deine Unterstützung freuen.

Frank: Okay. Ich habe einfach nicht an dich gedacht. Tut mir leid. [Frank entschuldigt sich jetzt. Da er sich immer noch nicht ganz wohl fühlt, erkennt Joan seine Kommentare wieder an, bevor sie sich bei ihm dafür bedankt, dass er seinen Ansatz geändert hat.]

Joan: Nun, ich würde es zu schätzen wissen, dass ich Zeit für mich habe. Danke.

Dies ist natürlich ein "Best-Case"-Szenario. Es gibt zwei weitere mögliche Ergebnisse dieser Diskussion, die im Folgenden beschrieben werden. Beide sind "Konflikte".

John Gottman fand heraus, dass solche Diskussionen und Konflikte selbst in den besten Beziehungen stattfanden und dass effektive Paare sehr emotional (sogar wütend) werden könnten, wenn sie über solche Themen sprachen, aber auch dass sie bestimmte spezifische destruktive Verhaltensweisen vermieden. Diese sieben zu vermeidenden Kernverhalten (aufgeführt von Gottman und Silver, 1999, S. 25-46) sind:

- Harscher Start der Diskussion mit wütender "Du-Botschaft"
- Kritik an dem Menschen als Menschen, anstatt sich über ihr Verhalten zu beschweren.
- Verachtung des anderen, die nonverbal durch erhobene Augenbrauen und höhnischen Gesichtsausdruck oder verbal durch Spott über seine Lage, Sarkasmus und feindseligen Humor vermittelt wird. Dies ist das schwerwiegendste der sieben Verhaltensweisen, es ist der schnellste Weg,

um eine Trennung vorherzusagen, und kommt in erfolgreichen Beziehungen praktisch nie vor (Gottman, 1999, S. 128)

- Abwehrhaltung, ausgedrückt durch abstreitende/vorwerfende Erwiderungen, während man sich weigert, die Bedenken des anderen anzuerkennen oder zu akzeptieren, dass sie ein Problem haben.
- Blockadehaltung (Stonewalling), indem man einfach aufhört zu reden, ohne zu verhandeln, oder den Raum verlässt.
- Emotional überschwemmt werden, als Folge all dieser Verhaltensweisen. Dieser Mensch ist körperlich übererregt, mit einem Puls über 95 Schlägen pro Minute.
- Versagen von Reparaturversuchen und selbstfördernden Verhaltensweisen, z.B. einen temporären Stillstand zur Beruhigung einzuberufen oder sich zu entschuldigen und zu bitten, von vorne anzufangen, nachdem diese letzten Muster auftreten.

Drei Typen von Konflikt

Der Zweischritt-Prozess wird zu einem von drei Ergebnissen führen. Je nachdem, welches Ergebnis eintritt, kannst du leicht erkennen, welche nächsten Schritte zur effektivsten Lösung des Konflikts zu ergreifen sind.

Ergebnis 1) Missverstehen.
Der Zweischritt-Prozess selbst löst den Konflikt (wie oben). Ein solcher Konflikt könnte als einfache Fehlkommunikation betrachtet werden. Zum Beispiel wie oben: Sobald Frank deutlich gehört hat, was Joans Problem ist (was durch ihre Verwendung von Ich-Botschaften und reflektierendes Zuhören unterstützt wird), ist das Problem gelöst. Es sind keine weiteren Maßnahmen erforderlich.

Ergebnis 2) Konflikt der Bedürfnisse.
Als Ergebnis des Zweischritt-Prozesses wird deutlich, dass beide Menschen ein konkretes Problem haben. Beide Menschen können verstehen, dass der andere ein Problem hat, obwohl sie zögern, das Problem des anderen zu lösen, da dies zu eigenen Schwierigkeiten führen würde. Thomas Gordon nennt das einen Konflikt der Bedürfnisse. In NLP-Begriffen handelt es sich um einen Konflikt, bei dem sich beide Parteien darauf geeinigt haben, ihn auf der neurologischen Ebene der Umwelt, des Verhaltens oder der Fähigkeiten zu belassen (ihre Werte und ihr Identitätsgefühl sind kein Diskussionsthema, sondern nur, wie und wo sie was tun). John Gottman nennt dies einen "lösbaren Konflikt" und empfiehlt, Lösungen zu entwickeln, die die "Träume"

beider Parteien in dem Konflikt ehren. In einer solchen Situation empfiehlt Gordon den geschickten Einsatz seines 6-stufigen Win-Win-Konfliktlösungsmodells (Gordon, 1974, S. 217-234). Gordons sechs Schritte sind:

1. Identifiziere das Problem anhand von zwei Bedürfniss-Aussagen anstelle von zwei widersprüchlichen Lösungen. Bedürfnisse sind allgemeinere Beschreibungen als Lösungen ("Wie wirst du wissen, dass dieses Problem gelöst ist?" oder "Wenn du diese Lösung bekommst, was bekommst du dadurch, was noch wichtiger ist?" anstatt "Welchen spezifischen Ansatz würdest du vorschlagen, um dieses Problem jetzt zu lösen?"). Gottman beschreibt dies als die Entdeckung der "Träume", die hinter der genannten Lösung sind.
2. Betreibe Brainstorming potenzieller Lösungen, die beide Sätze von Bedürfnissen/Ergebnisse/Träume erfüllen könnten.
3. Bewerte diese vorgeschlagenen Lösungen daran, inwiefern sie beide Bedürfnisse erfüllen.
4. Wähle eine oder mehrere Lösungen, die realisierbar sind.
5. Handle.
6. Bewerte die Ergebnisse.

Ein Beispiel dafür wäre folgender Gesprächsverlauf zwischen Frank und Joan:

Joan: Frank, ich habe ein Problem, das ich besprechen möchte. Du bist letzte Woche eine Stunde später als erwartet nach Hause gekommen und so hatte ich abends nicht die Zeit für mich, die ich mir erhofft hatte, und ich denke, ich bin ein bisschen verärgert darüber, dass ich so viel von meinem Tag mit der Betreuung der Kinder verbringen musste. [Joan "hat" ein Problem: Sie ist diejenige, die sich Sorgen über das, was geschehen ist, macht, also benutzt sie eine Ich-Botschaft. Frank fühlt sich okay, also hat er zunächst kein Problem.]

Frank: [seufzt] Beruhige dich, Joan. Ich war heute einfach sehr beschäftigt; Das ist alles.

Joan: Du denkst, meine Reaktion ist übertrieben, und du hast eine Menge Arbeit. [Frank antwortet und weist darauf hin, dass er ein Problem hat, also führt Joan den Zweischritt aus und hört ihm reflektiv zu.]

Frank: [nickt] Sicher. Und wenn ich nach Hause komme, ohne die Arbeit erledigt zu haben, kriege ich Ärger vom Chef.

Joan: Du willst also sicherstellen, dass du die Aufgaben erledigst, die in deiner Verantwortung liegen. Nun, ich möchte immer noch sicherstellen, dass ich Zeit für mich selbst habe, die Dinge zu tun, die ich wirklich tun möchte. Mein Tag ist auch lang. Vielleicht können wir einen Weg finden, diesen beiden Anliegen gerecht zu werden. [Frank versteht jetzt, dass Joan ein konkretes Problem hat, wie sein Nicken zeigt, aber wenn er ihr helfen würde, hätte er ein eigenes Problem (er versucht zu erraten, welche ihrer Probleme für sie wirklich ernst sind). Das nennt Thomas Gordon einen Konflikt der Bedürfnisse und John Gottman ein lösbares Problem. Joan fasst die beiden Sätze von Bedürfnissen/Ergebnissen zusammen und lädt Frank ein, sich an einem Win-Win-Konfliktlösungsprozess zu beteiligen, um eine Lösung zu finden, die beide Sätze von Bedürfnissen/Ergebnissen erfüllt.]

Frank. [nickt] Ja. Ich denke, ich könnte meine Arbeit anders organisieren und dir zusätzliche Zeit am Wochenende verschaffen, wenn ich unter der Woche spät nach Hause komme.

Joan: Danke. Das würde auch für mich funktionieren. Ich würde mich über deine Unterstützung freuen.

Frank: Okay. Dann tun wir das.

Ergebnis 3) Wertekonflikt.
Als Ergebnis des Zweischritt-Prozesses wird deutlich, dass mindestens ein Partner glaubt, dass der Konflikt seine tieferen Überzeugungen, Werte oder sein Identitätsgefühl betrifft. In Robert Dilts‘ NLP-Modell sind diese Meinungsverschiedenheiten auf einer höheren neurologischen Ebene (Dilts, 1993, S. 55-56). Ein solcher Mensch wird sich nur ungern an der oben gezeigten Art von Konfliktlösung beteiligen, weil seine Werte "nicht verhandelbar" sind. Anders ausgedrückt: Person A glaubt, dass Person B versucht, die Werte/Identität von Person A zu ändern, wovon Person A denkt, dass es "Person B nichts angeht". Dies nennt Thomas Gordon einen "Wertekonflikt" (Gordon, 1974, S. 283-306). Beachte, dass es in dieser Situation wenig wahrscheinlich ist, dass man eine zufriedenstellende Lösung in nur einer Sitzung finden wird.

John Gottman stellte fest, dass 69 % aller Beziehungskonflikte in dieser Kategorie waren, sowohl in erfolgreichen als auch in erfolglosen Beziehungen (Gottman und Silver, 1999, S. 130). Gottman nennt diese Konflikte "unlösbare Probleme", in denen die Grundträume der Partner in Konflikt geraten. Er sagt nicht, dass für solche Konflikte nichts getan werden kann; sondern meint einfach, dass sie nicht in einer Sitzung des "Problemlösungsgesprächs" gelöst werden können. In der Tat stellt er fest, dass erfolgreiche Paare lernen, die unterschiedlichen Werte des anderen zu respektieren und zu ehren, und zu akzeptieren, dass der Unterschied noch einige Zeit anhalten wird.

Thomas Gordon empfiehlt auch, dass viele Wertekonflikte am besten dadurch behandelt werden, indem man lernt, mit dem Unterschied zu leben, oder die Beziehung zu verändern, damit die Werte des Partners nicht so häufig mit den eigenen kollidieren. Zu den Fertigkeiten, die Thomas Gordon empfiehlt, um die Werte anderer Menschen wirklich zu beeinflussen, gehören Werteberatung und Modelling. Beim Modelling geht es darum, im eigenen Verhalten die Wirksamkeit der eigenen Werte zu demonstrieren. Werteberatung ist ein geschickter linguistischer Beeinflussungsprozess, der erfordert, dass du (Gordon, 1974, S. 294-297):

1. sicherstellst, dass du als Berater "eingestellt" wurdest (also, dass der andere Mensch zuhört).
2. dein Argument vorbereitest, insbesondere alle relevanten Informationen.
3. deine Expertise und Meinungen in einfachen Ich-Botschaften übermittelst ("Ich glaube...") und regelmäßig umschaltest, um der Meinung des anderen aktiv zuzuhören.
4. dem anderen seine eigene Meinung überlässt, anstatt zu versuchen, einen neuen Wert zu erzwingen. Menschen ändern selten Werte in direkter Interaktion mit jemandem, der den entgegengesetzten Wert vertritt. Es ist üblicher, dass sie sich zu einem späteren Zeitpunkt ändern, nachdem sie in einem positiven Zustand gelassen wurden, in dem sie frei wählen können.

Wenn du versuchst, Wertekonflikte zu lösen, als wären sie Bedürfniskonflikte, könnte dies durchaus zu Ernüchterung über den Konfliktlösungsprozess und zu der Überzeugung führen, dass "einige Leute einfach nicht fähig sind, sich an einer Win-Win-Konfliktlösung zu beteiligen". So könnte das Gespräch zwischen Frank und Joan verlaufen, wenn es ein Wertekonflikt wäre:

Joan: Frank, ich habe ein Problem, das ich besprechen möchte. Du bist letzte Woche eine Stunde später als erwartet nach Hause gekommen und so hatte ich abends nicht die Zeit für mich, die ich mir erhofft hatte, und ich denke, ich bin ein bisschen verärgert darüber, dass ich so viel von meinem Tag mit der Betreuung der Kinder verbringen musste. [Joan "hat" ein Problem: Sie ist diejenige, die sich Sorgen über das, was geschehen ist, macht, also benutzt sie eine Ich-Botschaft. Frank fühlt sich okay, also hat er zunächst kein Problem.]

Frank: [seufzt] Beruhige dich, Joan. Ich war heute einfach sehr beschäftigt; Das ist alles.

Joan: Du denkst, meine Reaktion ist übertrieben, und dass du eine Menge Arbeit hast. [Frank antwortet und weist darauf hin, dass er ein Problem besitzt, also führt Joan den Zweischritt aus und hört ihm reflektiv zu.]

Frank: [nickt] Sicher. Ich meine, so ist mein Leben. Meine Arbeit ist mir auch wichtig. Ich fühle mich nicht wirklich wohl dabei, das mit dir zu verhandeln. [Frank identifiziert in dem Problem einen Unterschied von Werten.]

Joan: Also, du siehst das als dein Leben, über das du entscheiden musst. Nun, ich habe eine andere Art, über diesen bestimmten Teil davon nachzudenken – die Zeiteinteilung. Irgendwann möchte ich noch mehr darüber sprechen. Wärst du bereit, meine Gedanken dazu zu hören? [Joan hört Franks Wert reflektierend zu und identifiziert den Unterschied.]

Frank: [seufzt] Vielleicht.... Ja, ich denke schon. Ich möchte jetzt aber nicht in eine heftige Diskussion darüber geraten.

Joan: Großartig. Wie wäre es mit den Kindern am Samstag: Vielleicht könnten wir uns eine halbe Stunde nehmen, um unsere Ansätze miteinander zu klären. [Joan arrangiert ein Treffen mit Frank zu einer Zeit, die für ihn einfacher ist, um ihre Werteunterschiede zu diskutieren. Dort wird sie weiterhin reflektierendes Zuhören und Ich-Botschaften verwenden, um ihren Wert zu vertreten, indem sie als das fungiert, was Thomas Gordon einen "Werteberater" nennt, und ihre Werte modelliert.]

Frank: Okay, das geht.

Der Zweischritt: Drei Ergebnisse von Ich-Botschaften

Hier ist ein weiteres Beispiel, das grafisch dargestellt wird. Stell dir vor, Jane ist eine Teenagerin, die morgens immer spät aufsteht. Ihr Vater Jack stellt fest, dass dies dazu führt, dass er weniger Zeit zum Aufräumen hat, bevor er zur Arbeit geht. Er beschließt, eine Ich-Botschaft zu senden, um sein Problem zu erklären. Wenn Jack seine Ich-Botschaft sendet, werden wir ihn in dem Diagramm symbolisch aus dem Rapport entfernen, indem wir ihn auf der Seite nach unten versetzen. Wenn Jane sich als Ergebnis von Jacks Reflexion verstanden fühlt, werden wir sie auf der Seite nach unten bewegen und wieder in Rapport setzen. Dies ist eine Art "Tanz", den ich den "Two-Step" (Zweischritt) nenne.

1. Jane stimmt kongruent zu, sich zu ändern, um Jacks Problem zu lösen.

2. Jane und Jack erkennen, dass sie beide ein Problem haben. Jane kann zwar verstehen, dass ihr Verhalten Jack konkret betrifft, aber sie ist nicht bereit, sich zu ändern, weil das *ihr* ein Problem bereiten würde. (Konflikt der Bedürfnisse)

3. Jane denkt, dass diese Angelegenheit Jack "nichts angeht". Jane ist daher nicht bereit, über das Thema zu verhandeln. (Wertekonflikt)

Eine 4. Möglichkeit?

In einigen Kulturen (zum Beispiel Japan und Neuseeland) werden Konflikte vermieden. Der andere Mensch ist vielleicht nicht bereit, sein Problem zu erklären und möchte nicht über die Situation sprechen. Dieses Verhalten ist in europäischen Kulturen weit weniger verbreitet. Obwohl der andere verstehen kann, dass sein Verhalten dich ganz konkret beeinflusst, ist er nicht bereit, sich zu ändern, weil Veränderungen ein Problem für ihn bedeuten würden, **und** er mag dies auch nicht erklären. Im Ergebnis stimmt der andere zwar vordergründig zu, ändert aber nicht sein Verhalten. Hier ist etwas mehr Sorgfalt nötig, um herauszufinden, was die Bedürfnisse des anderen tatsächlich sind, so dass du beginnen kannst, nach Lösungen zu suchen, die diesen Bedürfnissen entsprechen und den anderen zur Kooperation motivieren. (Versteckter Konflikt der Bedürfnisse)

Jedes dieser drei Ergebnisse ist ein erfolgreiches Ergebnis des Sendens einer Ich-Botschaft und des reflektierenden Zuhörens.

Kooperative Beziehungen schaffen: Zu Hause im Vergleich zum politischen Handeln

Sobald du dieses Modell des Problembesitzes und den Zweischritt verstehst, verstehst du, dass deine Interaktionen als politischer Aktivist sich in der Regel in einem sehr spezifischen Teil des Beziehungsmodells abspielen - du hast einen Wertekonflikt mit denen, die an der Macht sind. Anstatt diese Fertigkeiten nur als eine Möglichkeit zu betrachten, deine privaten Beziehungen zu pflegen, werden wir uns im nächsten Kapitel darauf konzentrieren, wie wir sie nutzen können, um die Gesellschaft zu beeinflussen.

Zusammenfassung:

Kein Problembereich: Positive Erfahrungen sammeln.	Ein anderer hat ein Problem: Verwende reflektierendes Hören.
Ich habe ein Problem: Verwende sensorisch-spezifische Ich-Botschaften und höre der Antwort zu.	Beide von uns haben ein Problem (Konflikt). Verwende die Win-Win-Methode, oder verwende bei Wertekonflikten Beratung und Modelling

Wie beeinflussen Aktivisten die Gesellschaft?

Zwang oder Beeinflussung von Werten?

Nun, da du das Modell der transformierenden Kommunikation verstehst, kannst du sehen, dass du als Aktivist "ein Problem hast" (es gibt etwas, das du ändern möchtest) und dein Ziel ist es in der Regel, die **Werte** eines anderen Menschen zu ändern. Dies ist der schwierigste Teil jeder Beziehung und doch natürlich der mit dem größten Potential für eine Transformation. Ich möchte offen mit dir sein: Manchmal möchtest du am liebsten alles in deiner Macht Stehende tun, um andere Menschen zu zwingen, das zu tun, was sie deiner Meinung nach tun sollten. Dieser Prozess des "gewaltlosen Zwanges" ist das, was Boykott, Streiks, Sit-ins und politische Revolutionen erreichen. Du musst aber zwei Dinge über diese Taktiken verstehen, bevor du sie verwendest. Erstens überzeugen sie den anderen Menschen nicht davon, dass du Recht hast - bestenfalls überzeugen sie den anderen, dass du nicht gezähmt bzw. nicht aufgehalten werden kannst. Sie mögen Gehorsam schaffen, aber sie schaffen keine Kooperation. Wenn die Menschen, die du genötigt hast, später einen Weg entdecken, wie sie dich aufhalten können, werden sie es tun, und umso energischer, weil sie wissen, dass du Zwang gegen sie benutzt hast. Deshalb ist die Konterrevolution nach dem großen gesellschaftlichen Wandel ein so großes Thema. Zweitens musst du den Zwang auf unbestimmte Zeit aufrechterhalten. Der Schriftsteller Samuel Butler sagte: "Wer wider seinen Willen zustimmt... ist nach wie vor der gleichen Meinung." (zitiert in Cialdini, 1993, S. 80). Dennoch war Mahatma Gandhi selbst sehr klar, dass er manchmal Zwang benutzte, um seine Ergebnisse zu erreichen.

Der Erforscher gewaltfreier Proteste und Theoretiker Gene Sharp schlägt vor, dass gewaltfreie Protestaktionen mittels drei verschiedener Mechanismen erfolgreich sein können.

1. **Zwangsfreier Zwang.** Die Revolution vom Februar 1917 in Russland ist ein berühmtes Beispiel dafür. Ein Generalstreik legte das Land einfach lahm; der Zar wurde handlungsunfähig und übertrug die Macht effektiv auf die provisorische parlamentarische Regierung und die Arbeiterräte (die Sowjets). Obwohl der Zar später hingerichtet werden sollte, war die Übergabe der Staatsmacht selbst zwar erzwungen, aber gewaltfrei.
2. **Verständigung.** Sharp definiert Verständigung als die Situation, in der eine beeinflusste Regierung ihre Politik anpasst, um die belästigende Wirkung von Protesten einzudämmen. Im Jahr 1957 beispielsweise

boykottierten schwarze südafrikanische Arbeiter ihre Busse aus der Apartheid-Ära, um gegen eine Preiserhöhung zu protestieren. Es waren weiße Wirtschaftsführer, die die Regierung unter Druck gesetzt haben, die Busgebühren zu subventionieren, weil sie das Problem hatten, dass ihre Arbeiter, nachdem sie lange Strecken zu Fuß zurücklegen mussten, zur Arbeit ganz erschöpft ankamen. Obwohl sie nicht wirklich zum Wandel genötigt wurden, wurden die Führungskräfte der Wirtschaft auch nicht vollständig zugunsten des politischen Kampfes für die Rechte der Schwarzen bekehrt. Sie hielten es lediglich für zweckmäßig, ihre Politik zu ändern.

3. **Bekehrung.** Natürlich ist dies das Ideal des gewaltfreien Protests. Sharp zitiert Mahatma Gandhi als er dem britischen Vizekönig sagte: "Denn mein Ehrgeiz ist nicht weniger, als das britische Volk durch Gewaltlosigkeit zu bekehren und es so dazu zu bringen, das Unrecht zu erkennen, das es Indien angetan hat." (Sharp, 1973, S. 707). Das Ziel hier ist letztlich, die Meinung der anderen Menschen zu ändern, so dass sie mit dir einfühlen und mit dir übereinstimmen.

Ich werde jede der wichtigsten Optionen gemäß Gene Sharps' Auflistung überprüfen.

1) Zwangsmacht in Wertekonflikten verwenden

In der realen Welt gibt es einige Situationen (entweder Konflikte von Bedürfnissen oder Wertekonflikte), in denen du entscheidest, dass es den Schaden wert ist, das Verhalten eines anderen Menschen durch den Einsatz von Macht unter Kontrolle zu bringen (d. h. durch Zwang, Belohnungen und Strafen). Thomas Gordon schlägt vor (Gordon, 1974, S. 279-282), dass dies folgende Situationen einschließt:

- Situationen, in denen du kein Einfluss auf die Spielregeln hast. Wenn du für ein Unternehmen arbeitest, wirst du nicht in der Lage sein, Lösungen auszuhandeln, bei denen die Firma ihr Eigentum weggibt, auch wenn diese Lösungen keine konkreten Auswirkungen auf dich persönlich haben können. Wenn du Lehrer bist, wirst du nicht in der Lage sein, dafür zu sorgen, dass jemand eine Schulregel bricht. (du kannst natürlich daran arbeiten, solche Regeln zu ändern.)
- Situationen, in denen dein eigener Bedarf vorrangig ist. Du musst dich zum Beispiel nicht einfach damit abfinden, wenn jemand dich schlägt;

ihn durch Zwang daran zu hindern, kann sich durchaus lohnen, auch wenn er mit Frust oder Ärger reagiert.

- Situationen, in denen ein anderer Mensch offensichtlich in Gefahr zu sein scheint. Es wäre nicht sinnvoll, einfach ruhig zuzusehen wie jemand vor ein rasendes Auto läuft, während ich die klare Ich-Botschaft sende: "Ich mache mir wirklich Sorgen, dass dieses Auto dich treffen wird!" Meistens wird es dir wert sein, mit seinem anfänglichen Ärgernis darüber, wie du ihn angepackt und von der Straße gezogen hast, umzugehen.
- Situationen, in denen es keine Zeit gibt, die Angelegenheit zu diskutieren. Wenn zehn Minuten vor dem Start des Flugzeugs ein Konflikt entsteht, wirst du dich vermutlich dazu entscheiden, dass es sich lohnt, ihn erstmal ungelöst zu lassen.
- Situationen, in denen ein rationales Gespräch mit einem Menschen unmöglich ist. Dazu gehören viele Konflikte mit Kindern unter zwei Jahren und Konflikte mit Menschen, die betrunken sind oder keine Bindung zur Realität haben.

Das offensichtlichste Beispiel für die Verwendung von Macht in einem Wertekonflikt ist die Entscheidung, jemanden daran zu hindern, einem anderen Menschen zu schaden. Natürlich könntest du entscheiden, dass es sich lohnt, deine Macht einzusetzen, wenn du sehen würdest, dass jemand im Begriff ist, einen anderen zu verletzen und du wüsstest, dass du ihn sofort daran hindern könntest, obwohl es sich eindeutig "nur" um einen Wertekonflikt handelt. Selbst in diesen Fällen lohnt es sich aber, sich an die Schäden zu erinnern, die Macht über andere verursachen kann. Du kannst den Beziehungs-Schaden reduzieren, indem du:

- Nur die Menge Kraft einsetzt, die erforderlich ist, um dein Problem zu lösen.
- Anschließend erklärst, wie du dazu gekommen bist, Macht auszuüben und dem anderen versicherst, dass dies nicht deine übliche Absicht ist.
- Mit reflektierendem Zuhören seinen Ärger anerkennst und Zeit damit verbringst, eure Beziehung wieder aufzupeppen.
- Einen Plan ausarbeitest, um diese Situation in der Zukunft vermeiden zu können.

Die letzten drei Schritte könnten ganz einfach ausgeführt werden, zum Beispiel: "Ich möchte über das sprechen, was vorhin passiert ist. Ich will dich nicht herumschubsen und habe nur so gehandelt, wie ich es getan habe, weil ich damals keinen Weg finden konnte, alles sicher zu regeln. Ich denke, du hast dich ziemlich genervt gefühlt und ich möchte gerne, eine Einigung erzielen, damit wir in diese Situation nicht wieder hineingeraten".

Dies ist eine Notfallstrategie für Zeiten, in denen der Einsatz von Macht logisch unvermeidbar war (nicht damit gemeint sind Zeiten, in denen es sich bloß als eine einfache Lösung angeboten hat). Um den Fall noch einmal zu wiederholen: Die Anwendung von Zwang in Beziehungen wird immer wieder mit zerstörerischen Auswirkungen verbunden sein, sowohl für die Teilnehmer als auch für die Beziehung selbst (siehe Bolstad, 2004).

2) Wie man Konfliktlösung benutzt, um Werte-*Akkommodation* zu schaffen

In einem Bedürfnis-Konflikt kann jeder Mensch verstehen, dass sein Verhalten andere Menschen beeinflusst. Im Mittelpunkt der Diskussion steht dann die Frage, wie das Geschehen so organisiert werden kann, dass die unerwünschten Effekte nicht eintreten. Du könntest sogar mit ernsthaften Wertekonflikten auf diese Weise umgehen.

Nehmen wir ein Beispiel: Ich könnte es missbilligen, dass du das Wort "Gott" beiläufig nutzt, weil ich glaube, dass dies "Blasphemie" ist und somit etwas beleidigt, das mir heilig ist. Wenn du dieses Wort in der Regel als lässiges Schimpfwort oder als Fluch nutzt, wenn du genervt bist, könntest du denken, dass mich dies nichts angeht. Schließlich hat es keine konkreten Auswirkungen auf mich, wenn du ein bestimmtes Wort sagst. Es führt nicht dazu, dass ich aus dem Mund blute oder Geld verliere oder zusätzliche Arbeit leisten muss. Wenn ich versuchen würde, die ganzen Werte-Kollisionen zu lösen, als ob es ein Bedürfnis-Konflikt wäre, könntest du ziemlich wütend über mein Eindringen in dein psychologisches "Territorium" werden. Dies könnte durchaus dazu führen, dass ich vom Konfliktlösungsprozess desillusioniert bin und glaube, dass "einige Leute sich einfach nicht auf Win-Win-Konfliktlösungen einlassen können".

Ich kann dir jedoch zustimmen, dass dein Mangel an Wert für das Wort "Gott" nur dich etwas angeht und dich dennoch bitten, dieses Wort nicht beiläufig zu nutzen, wenn ich anwesend bin. Ich würde anerkennen, dass dein Wert gleichbleiben würde, aber dich bitten, einen Teil deines Verhaltens in meiner Anwesenheit zu ändern. Oder ich könnte erklären, dass, wenn du frustriert oder wütend bist, ich mich dafür entscheiden werde, mich aus deiner Nähe zu entfernen, und dich darum bitten, dass du dies als eine Form geistigen Selbstschutzes verstehst. Auf den ersten Blick scheinen diese Lösungen wie Win-Win-Lösungen zu sein, die das Problem lösen könnten. Schließlich kannst du deinen Wert behalten und ich kann mich davor schützen. In Wirklichkeit ist dies jedoch riskant. Du könnest dich verletzt fühlen, wenn ich dich immer dann meide, wenn du frustriert bist. Du könntest anfangen dich so zu fühlen, dass du dir selbst nicht treu bist, wenn du dich darin zurückhältst, "Gott" zu sagen, wenn du in meiner Nähe bist. Vielleicht vermutest du irgendwann, dass unsere "Vereinbarung" wirklich eine Methode ist, dich zu einer Änderung zu drängen. In diesem Fall passt du dich meiner Sorge an, ohne vollständig dazu gedrängt zu werden, sie zu respektieren, aber definitiv ohne von ihr bekehrt zu werden.

3) Einflussnehmende Fertigkeiten verwenden, um andere zu "*bekehren*"

Es gibt drei wichtige Einflussfertigkeiten, die soziale Aktivisten wie Amory Lovins (siehe unten) nutzen, um selbst große Unternehmen davon zu überzeugen, ihre Werte zu ändern. Diese drei Fertigkeiten können auch in individuellen Beziehungen, zu Hause sowie mit Kunden und Arbeitskollegen eingesetzt werden. Sie können sogar politisch zwischen Staaten oder Gemeinschaften eingesetzt werden. Und am interessantesten ist, dass du bereits mit Situation, wo sie funktioniert haben, Erfahrungen hast – d.h. wo andere Leute sie an dir angewendet haben. Denke an eine Zeit, in der du deine eigenen Werte, Überzeugungen oder Vorgehensweisen aufgrund des Einflusses eines anderen Menschen geändert hast (Lehrer, Freund, Mentor oder sogar jemand, dessen Buch du gelesen hast). Die Chancen stehen gut, dass drei Faktoren an deiner Änderung beteiligt waren.

1. Der Mensch, der dich beeinflusste, hat einige andere wichtige Werte mit dir gemeinsam gehabt.
2. Der Mensch, der dich beeinflusste, befolgte, was er predigte, und du konntest sehen, dass sein Wert für ihn auch funktionierte.
3. Der Mensch, der dich beeinflusste, hat seine Meinung respektvoll erläutert und deine Meinung gehört oder anerkannt.

Ich nenne diese drei Fertigkeiten a) Verwendung gemeinsamer Werte, b) Modelling und c) Werteberatung.

Gemeinsame Werte identifizieren

Es mag seltsam erscheinen, aber ist dennoch wahr: Wenn du die Werte eines Menschen beeinflussen willst, musst du damit beginnen, einen Wert zu finden, den du mit ihm teilst. Es ist die gleiche Grundidee, die wir diskutiert haben, als wir über Rapport gesprochen haben. Menschen reagieren nicht auf Aufrufe zur Veränderung von Menschen, die völlig anders sind als sie. Das Search-Conference-Modell ist eine Schritt-für-Schritt-Methodik, um eine Gruppe zur Entdeckung einer kooperativen Zukunft auf der Grundlage gemeinsamer Werte zu führen. Rita Schweitz zum Beispiel war die Koordinatorin einer Search Conference (Suchkonferenz) im Jahr 1991 über die Nutzung und Qualität von Wasser aus dem oberen Einzugsgebiet des Colorado-Flusses (Weisbord, 1992, S. 215-228). Dieses Thema betraf lokale, kommunale, bundesstaatliche und nationale Regierungsorganisationen, Wasserversorger, landwirtschaftliche und industrielle Wassernutzerunternehmen, Naturschützer, Ureinwohner- und Freizeitnutzergruppen. Jahrzehntelange erbitterte Wertekonflikte steckten hinter dem Thema. Staatliche Stellen waren damals damit beschäftigt, private Firmen wegen ihrer Wassernutzung vor Gericht zu bringen. Nun waren alle diese Kriegsparteien in einem Raum zusammen. Als mehrere Mitglieder mit ihren Anwälten im Schlepptau eintrafen, war enorme Sorgfalt notwendig, um den Rapport sicher aufzubauen und am ersten Tag der Konferenz Grundregeln festzulegen.

Rita Schweitz und die anderen Organisatoren waren sehr darauf bedacht, den Prozess so zu strukturieren, dass nicht ständig Streit unter der 48 Teilnehmer ausbrechen würde. Am zweiten Tag, als jede "Stakeholder-Gruppe" ihre eigene Perspektive präsentierte und die anderen zuhörten, waren nur reflektierendes Zuhören und klärende Fragen erlaubt. Die Atmosphäre im ersten Teil des Konferenzprozesses wurde von den Organisatoren als von Pessimismus und Herausforderung geprägt beschrieben, aber all das änderte sich, als die Werte der Menschen in dem diskutierten Bereich aufgelistet wurden. Eine beeindruckende Sammlung *gemeinsamer* Werte entstand, darunter eine Vorliebe für die Berge, die Natur und die Freude an der Lebensqualität in Colorado. Über diese Werte sprach ein Teilnehmer ein herzliches Plädoyer, dass es "Zeit ist, unsere Wege zu ändern", und die ganze Konferenz schien zusammen zu nicken. Der Rapport, der durch diese scheinbar irrelevante persönliche Mitteilung von Werten aufgebaut wurde, inspirierte zu großen Veränderungen in der Einstellung der Teilnehmer. Am Morgen des dritten Tages, als die Teilnehmer gemeinsam frühstückten, sagte man zu Schweitz: "Das muss der Paradigmenwechsel sein, wovon man redet." Für die künftige Planung wurde eine kollaborative Entscheidungsstruktur eingerichtet, bei den Vorschlägen zur Gesetzesreform wurden Fortschritte erreicht und eine zweite Konferenz im nächsten Jahr geplant.

Ein wichtiges Werkzeug in diesem Prozess ist das Auflisten von Werten. Im Neurolinguistischen Programmieren gibt es einen sehr einfachen Prozess, der Menschen hilft, diese Art von Werteliste explizit zu erstellen. Zuerst wählst du einen Bereich deines Lebens, wie "Beziehungen", "Karriere", "persönliches Wachstum" oder einfach das Leben als Ganzes. Dann fragst du "Was ist mir in diesem Bereich wichtig?" und listest alle Wörter/Sätze auf, die dir in den Sinn kommen. Wenn du unsicher bist, denke an eine Zeit in deinem Leben, als du diesem Bereich deines Lebens gegenüber hoch motiviert warst. Tritt in deinen Körper von damals ein und frage: "Was ist mir jetzt in diesem Bereich wichtig?"

Sobald du eine Liste von mindestens sechs Sachen hast, überprüfe, welche für dich am wichtigsten ist. Dann frage: "Wenn ich das habe, was ist das Nächstwichtigste aus dieser Liste?" Mach weiter, bis du die gesamte Liste in Ordnung hast, und überprüfe dann deine Auswahl. Ist Nummer 1) wirklich wichtiger als Nummer 2) oder ist Nummer 2) wichtiger als Nummer 1)? Vergleiche den Wert mit dem Wert weiter unten in der Liste, bis sich deine Liste richtig anfühlt, aussieht und klingt. Wirf einen Blick auf diese Liste. Sie liefert die wichtigsten Informationen zur Entscheidungsfindung, die du jemals für diesen Bereich des Lebens haben könntest. Mit der Erforschung deiner Werte identifizierst du die tiefsten Motivationsstufen.

Gemeinsame Werte nutzen

Wenn du versuchst, jemanden davon zu überzeugen, seine Werte zu ändern, kannst du dasselbe Prinzip anwenden. In Neuseeland entdeckte das Gesundheitsministerium in den 1970er Jahren die Risiken des Zigarettenrauchens und startete eine Kampagne, um davon abzuraten. Es erklärte, dass Rauchen das Risiko eines frühen Todes erhöht. Dies motivierte viele Menschen mittleren Alters aufzuhören, ließ aber die meisten Teenager unberührt. Ein langes Leben zu führen, ist für Teenager oft kein hoher Wert (weil sie davon ausgehen, dass sie sowieso lange leben werden). In den 1980er Jahren gelang es der Regierung, Teenager zu erreichen, indem sie eine Kampagne durchführte, die nahelegt, dass niemand jemanden küssen möchte, der gerade eine Zigarette geraucht hat. Sie hatten einen Kernwert der meisten Teenager identifiziert (gemocht werden).

Es gab aber immer noch ein Problem. Im Jahr 1981 war die Raucherquote bei Maori-Frauen im Alter von 15 bis 44 Jahren doppelt so hoch wie bei Nicht-Maori (63 % gegenüber 31 %; siehe Pomare, 1988). Weder die Angst vor dem Tod noch der Bedarf, gemocht zu werden, schienen diese Gruppe zu beeinflussen. Die Forscher entdeckten den Grund. Was war der eine Faktor, wegen dem die Maori-Frauen, das Rauchen aufgeben würden? 1994 brachte ich einer großen Gruppe von Maori-Frauen NLP-Techniken für die Raucherentwöhnung bei und es war sofort klar. Alle Anwesenden waren von dem Wunsch motiviert, sich um ihre Kinder und Enkelkinder kümmern zu können. Das Gesundheitsministerium entdeckte dieselbe Motivation. Eine Kampagne, die auf diesen Wert abzielte, führte zu einer allmählichen Senkung der Raucherquote für Maori-Frauen. Der erste Schritt bestand darin, Werte zu finden, die von der Gruppe geteilt wurden, die sie beeinflussen wollten.

In seinem Buch *Reframing,* gibt NLP-Trainer Richard Bandler ein interessantes Beispiel für die Anwendung gemeinsamer Werte, um einen Konflikt über nicht gemeinsame Werte zu lösen. Ein Vater hat gerade zu seiner Tochter gesagt: "Wenn du mir nicht zuhörst und nicht um zehn Uhr nach Hause kommst, gibt es eine Woche lang Ausgangssperre...". Nachdem er überprüft hat, dass diese Nachricht (eine "Du-Botschaft" und eine Drohung, Macht anzuwenden) keine sehr gute Antwort von der Tochter erhielt, fragt Bandler den Vater, was der *Wert* hinter seinem Befehl ist. Er antwortet: "Nun, ich mache mir Sorgen. Ich will nicht, dass sie mit Gaunern verkehrt. Ich will sie nicht auf der Straße haben. Es gibt Dope da draußen. Ich möchte, dass sie im Haus ist, sicher und gesund. Sie ist mein Mädchen, und ich möchte sicherstellen, dass sie die Art von Erfahrungen hat, die sie braucht, um sicher aufzuwachsen."

Die Tochter erklärt ihre Werte: "Aber es ist mein Leben!" Bandler weist dann auf einen Wert hin, den beide Menschen teilen. "OK, Sam. Ist ein Teil dieses Bildes, dass du von deiner Tochter hast, dass sie so aufwächst, dass sie unabhängig wird? Willst du, dass sie eine Frau ist, die ihren eigenen Verstand kennt, die auf eigenen Füßen steht und Entscheidungen für sich selbst treffen kann, basierend auf den Realitäten der Welt? Oder willst du, dass sie von den Meinungen anderer Leute hin und her geschubst wird?"

Sobald diese beiden Menschen erkennen, dass sie den Wert "Unabhängigkeit" teilen, werden sie wahrscheinlich nützlichere Wege finden, sich zu verhalten. In gewissem Sinne wollen sie dasselbe, nur ihre Methoden unterscheiden sich. Der Vater kann nun bereit sein, seine Art zu ändern, die Angelegenheit zu diskutieren, die Tochter kann bereit sein, ihr abendliches Muster zu ändern.

Im Mai 2017 interviewte Daphne White den Linguisten und politischen Aktivisten George Lakoff im Berkeleyside Online-Magazin*. Sie sagt: "Lakoffs Botschaft ist einfach, aber sie wird in der Sprache der kognitiven Linguistik und Neurowissenschaften formuliert. Das Problem ist, dass politische Kandidaten auf Meinungsforscher und PR-Leute angewiesen sind, nicht auf Linguisten oder Neurowissenschaftler. Wenn Lakoff also immer wieder sagt, dass "die Wähler nicht ihr Eigeninteresse wählen, sondern ihre Werte wählen", ignorieren ihn progressive Politiker ständig." Lakoff erklärt, dass Progressive die Werte identifizieren müssen, die sie mit Konservativen teilen, und progressive Maßnahmen in Bezug auf diese gemeinsamen Werte erklären müssen, nicht in Bezug auf die Werte der Progressiven. Konservative schätzen Schutz und Investitionen, argumentiert er. "Jeder Progressive weiß, dass Vorschriften Schutz sind, aber sie sagen es nicht", fügt er hinzu. In ähnlicher Weise sind "Steuern" eigentlich "Investitionen in öffentliche Mittel". Aber die Progressiven müssen ihre Vorschläge innerhalb dieser Werte einrahmen. Lakoff sagte voraus, dass Donald Trump die US-Wahl 2016 gewinnen würde, und zwar mit 47 % der Stimmen (er gewann mit 46%).

*http://www.berkeleyside.com/2017/05/02/berkeley-author-george-lakoff-says-dont-underestimate-trump/

Die Anwendung gemeinsamer Werte ist das Schlüsselmuster, das wir in der Rolle "Bürger" verwenden – die erste Rolle im sozialen Wandel (siehe Kapitel 3, Arten des sozialen Wandels und Rapport).

Werteberatung

Ein Berater ist jemand, der eingestellt wird, damit über seine Fachkenntnisse und sein Wissen verfügt werden kann. Es gibt Unternehmensberater, Bildungsberater, Gesundheitsberater und so weiter. Eine Berater-Kundenbeziehung ist eher durch eine laterale als durch hierarchische Interaktion gekennzeichnet. Der Berater kann seinem Kunden nicht einfach sagen, was er tun soll, wie es ein "Linienmanager" tun könnte. Sie verlassen sich auf ihre Fähigkeit, zu überzeugen und zu überreden.

Du kannst das Beratermodell verwenden, um die Werte anderer zu beeinflussen. Als effektiver Berater:

1. Bereite dich vor. Sei über dein Thema gut informiert. Bemühe dich nicht, deine Kinder von den Gefahren von Drogen zu überzeugen, wenn sie mehr wissen als du.
2. Beginne nicht mit dem Versuch, Einfluss zu nehmen, bis die andere Person zugestimmt hat, zuzuhören. (Mit anderen Worten, lass dich zuerst als Berater ‚anheuern'.) Die erste Aussage jedes guten Verkäufers ist die Bitte, mit dir sprechen zu dürfen.
3. Erkläre deine Meinungen mit Ich-Botschaften so kurz wie möglich. Mit Ich-Botschaften, meine ich nicht direkt "Wenn du... die Wirkung auf mich ist... und ich fühle..." Ich will nur meine Meinung als Meinung sagen ("Ich glaube..."), anstatt zu sagen: "Du solltest..." oder "Wie die Welt ist..."
4. Höre die Meinungen der anderen Person mit reflektierendem Zuhören. Nimm in deinem reflektierenden Zuhören an, dass die andere Person positive Absichten hat, außer wenn sie ‚Mismatching' genießt. Forschungen deuten darauf hin, dass, selbst wenn dies nicht wirklich wahr ist, sie dazu neigen werden, positiv auf die Annahme zu reagieren. Denke daran, dass "jeder glaubt, dass er ‚einer der Guten' ist".
5. Gestatte ihr, ihre eigene Entscheidung zu treffen.

Im folgenden Szenario hat ein Bildungsberater beispielsweise Mind-Mapping als Notiz-Technik empfohlen. Ein Student lehnt dies ab. So läuft die Interaktion ab, wenn der Berater die oben genannten Prinzipien nicht anwendet:

Berater: Ich sehe, dass dir die Idee, Mindmaps zu nutzen, nicht gefällt. Warum?

Student: Nun, ich habe herausgefunden, dass es viel länger gedauert hat als Notizen normal zu machen.

Berater: Ehrlich gesagt, in zehn Jahren wirst du dir wünschen, dass du diese Idee aufgegriffen hättest.

Student: Ja, vielleicht. Aber ich muss die Informationen jetzt aufnehmen.

Berater: Ich sage es dir nur, um dir zu helfen. Du solltest etwas klüger sein.

Student: Hey, bleib locker. Ich denke, es geht mir gut.

Berater: Du wirst es bereuen. Hochmut kommt vor dem Fall, weißt du.

Student: Wie? Ich will nicht mehr darüber sprechen!

Berater: Willst du zu einem drittrangigen Studenten werden? Ist das dein Stil?

Student: Verpiss dich!

In diesem kurzen Austausch wurde der Berater "gefeuert". Durch den Versuch zunehmend Zwang anzuwenden, hat er jeglichen Einfluss verloren. Der Student beginnt, ihn als jemanden zu betrachten, der Macht über ihn ausüben will, und seine Wut hindert ihn daran, auch in anderen Bereichen ihrer Beziehung zusammenzuarbeiten. Es geschieht durch eine solche "Beratung", dass viele Eltern von ihren Teenagern "gefeuert" werden sowie viele Lehrer von ihren Schülern, und viele Manager von ihren Teammitgliedern. So hätte man damit effektiver umgehen können:

Berater: Ich sehe, dass dir die Idee, Mindmaps zu nutzen, nicht gefällt. Warum?

Student: Nun, ich habe herausgefunden, dass es viel länger gedauert hat als Notizen normal zu machen.

Berater: Also, musstest du die Dinge schneller aufschreiben können.

Student: Ja. Ich konnte die Vorteile sehen, indem man damit einen besseren Überblick kriegt, aber...

Berater: Nun, das macht Sinn. Wie ich bereits erwähnte, weisen große Unternehmen wie Boeing darauf hin, dass Mindmaps die Zeit, die benötigt wird, um etwas zu lernen, langfristig auf ein Zehntel oder weniger reduzieren können. Ich denke, es könnte die Dinge später beschleunigen. Während du also dachtest, dass Mindmaps mehr Zeit in Anspruch nehmen, denke ich, dass die Verwendung von Mindmaps viel Zeit sparen könnte.

Student: Vielleicht. Ich hatte ein komisches Bauchgefühl dabei.

Berater: Richtig. Es ist ja eine ganz andere Art, Notizen zu machen. Okay, vielen Dank fürs Zuhören.

Student: Sicher. Ich werde es überdenken. Vielleicht war ich ein wenig hastig.

Diesmal ist das Ergebnis ganz anders. Vor allem ist die Beziehung zwischen Berater und Student noch intakt. Du kannst nur jemanden beeinflussen, der bereit ist, mit dir in eine Beziehung zu treten. Auch der Student könnte im Begriff sein, seinen Wert zu ändern und Mindmaps zu nutzen. Nur sehr wenige Menschen ändern ihre Werte, während du mit ihnen sprichst. Meistens brauchen sie Zeit, um sich zurückzuziehen und darüber nachzudenken, sich vorzustellen, wie der neue Wert aussehen würde, zu überprüfen, wie es sich anfühlt, und es mit sich selbst zu besprechen. Wenn du sie verlässt, während sie sich immer noch gut über dich fühlen, kann er sich über das, was du gesagt hast, auch gut fühlen.

Beratung ist das Schlüsselmuster, das wir in der Rolle "Rebell" verwenden – die zweite Rolle im sozialen Wandel (siehe Kapitel 3, Arten des sozialen Wandels und Rapport). Beachte auch, dass eine effektive Beratung auch tatsächlich aus Umdeutung besteht (siehe Kapitel 4, Reframing).

Modelling

Die dritte mächtige Fertigkeit, mit der man persönliche Werte beeinflussen kann, ist Modelling. In diesem Fall bedeutet Modelling einfach, durch dein eigenes Handeln zu zeigen, dass das, was du schätzt, funktioniert. "Practise what you preach" (Tue das, was du predigst) mag ein bekanntes Sprichwort sein, aber es ist faszinierend, wie viele Menschen diese Wahrheit in ihrem täglichen Leben ignorieren. Lehrer, die routinemäßig im Lehrerzimmer rauchen, bestrafen Schüler, die beim Rauchen in den Schultoiletten erwischt wurden. Eltern, die über ihre Motive lügen ("Ich möchte euch eine Spende geben, aber ich muss zur Bank gehen", "Leider können wir an diesem Samstag nicht vorbeikommen, die Familie kommt zum Besuch" und so weiter) aber ihren Kindern sagen, dass sie nicht lügen sollen. Gerade das Land, das sich den Resolutionen der Vereinten Nationen widersetzte und in Grenada, Panama und Nicaragua einmarschierte, war ein Jahr später am eifrigsten, ein anderes Land für die Invasion Kuwaits zu bestrafen. Ein Mann, der Familienstreitigkeiten beendet, indem er seine Frau schlägt, mahnt seine Kinder dazu, sich zu beherrschen.

Wenn deine Werte für dich wirklich funktionieren, werden andere Menschen sie eher übernehmen. Dies gilt insbesondere, wenn du ein gutes Verhältnis zu diesen Menschen hast. Die Menschen neigen dazu, die Werte derer zu kopieren, die sie bewundern. Beachte, wie oft ein Mann und eine Frau ähnliche Meinungen entwickeln, oder eine Gruppe von Freunden alle den gleichen Stil Kleidung tragen. Wenn eine Sammlung vielbewunderter Rockmusiker ein Konzert gibt, um Hungeropfern zu helfen, spenden Hunderttausende ihrer Fans Geld. Wenn du dich an einen Lehrer erinnerst, den du früher in deinem Leben wirklich bewundert hast, kannst du dich wahrscheinlich jetzt an Situationen erinnern, in denen du diesen Lehrer als Modell verwendet hast. Natürlich muss der Wert ansprechend sein (d.h. er muss für dich funktionieren), wenn du möchtest, dass andere ihn modellieren. Ein Elternteil mit einer starken Arbeitsmoral, der jeden Abend nach Hause kommt und darüber spricht, was für ein Alptraum sein Job ist, inspiriert seine Kinder nicht dazu, so hart zu arbeiten wie er.

Modelling ist das Schlüsselmuster, das wir in der Rolle "Agent des Wandels" verwenden – die dritte Rolle im sozialen Wandel (siehe Kapitel 3, Arten des sozialen Wandels und Rapport).

Beratung und Modelling kombinieren: Metapher

VitalSmarts ist ein Unternehmen, das positive Veränderungen auf der ganzen Welt beeinflusst. Wie Thomas Gordon beginnt auch die VitalSmarts-Gruppe ihre Suche nach Einflussfertigkeiten mit der Frage: "Wie ändern Menschen ihre Werte auf natürliche Weise?" Ihre negative Schlussfolgerung ist sehr einfach: Menschen ändern sich in der Regel nicht aufgrund rationaler Argumente – in der Tat überzeugt ein rationales Argument die Menschen in der Regel eher davon, dass ihre alte Sicht richtig war. Ihre positive Schlussfolgerung ist auch einfach und steht im Einklang mit dem, was wir finden, wenn wir Menschen bitten, sich an große Einflussnehmer zu erinnern: Werte oder Prioritäten (und damit wertebeladene Verhaltensweisen) verändern sich, wenn Menschen tiefgreifende Erfahrungen machen, nachdem sie den neuen Wert von jemandem, mit dem sie sich identifizieren können, modelliert haben. Wenn sie diese Erfahrung machen, müssen sie glauben, dass sich die Verhaltensänderung für sie gut anfühlen wird (d.h. es wird wertvoll sein), und glauben, dass diese ihnen auch gelingen kann.

Die VitalSmarts-Gruppe beschreibt diesen Prozess im Hinblick auf Albert Banduras soziale Lernen am Modell Forschung, die die Quelle der Fertigkeit "Modelling" war, die von Thomas Gordon für die Verwendung in Wertekonflikten identifiziert wurde. Das VitalSmarts-Team geht jedoch einen spannenden Schritt weiter und meint, dass es in der Regel nicht möglich ist, den Menschen eine direkt modellierte Erfahrung des ausgedrückten Wertes zu geben (was herkömmliche Modellierung zu tun versucht). Stattdessen geht es darum, profunde indirekte Erfahrungen zu schaffen.

Einige Beispiele: David Poindexter, Don Berwick, Jimmy Carter

Hier sind drei Beispiele bedeutender Werteveränderungen in der Gesundheitsbranche, initiiert durch Erickson-artige metaphorische Kommunikation. Die Beispiele werden im Buch *Influencers* diskutiert (detaillierte Informationen unten stammen hauptsächlich aus Online-Quellen. Das Buch *Influencers* ist arm an Statistiken).

David Poindexter ist der Gründer von Population Communications

International, die sich auf die Forschung über die Nutzung von Unterhaltung konzentriert, um pro-soziale Botschaften zu vermitteln, die darauf abzielen, die Lebensqualität des Publikums in den Vereinigten Staaten und im Ausland zu verbessern. Während der 1970er Jahre gelang es Poindexter, die Produzenten und Schöpfer zahlreicher US-Fernsehsendungen wie *Maude, All in the Family, The Mary Tyler Moore Show* und andere zu mobilisieren, um Diskussionen über Familienplanung (Geburtenkontrolle) und die Beendigung sexueller Stereotypen in den Kontext dieser Shows zu integrieren. Ab 1993 leitete er mit Martha Swai in Tansania das Hörspiel *Twende na Wakati* (sich mit der Zeit ändern). Das Programm befasste sich mit der AIDS-Übertragung. Umfragen zeigten, dass die männliche Hauptfigur Mkwaju zunächst ein attraktives Macho-Vorbild für männliche Hörer war. Er beleidigte seine Frau, trank exzessiv und hatte regelmäßig Sex mit Prostituierten. Allerdings änderten sich die Meinungen im Laufe des Programms. Als er an AIDS tödlich erkrankt war, fasste seine Frau Tenu die Entscheidung, ihn zu verlassen und ihr eigenes erfolgreiches Unternehmen aufzubauen. Bis 1997 stieg die Hörerzahl dieses Programms landesweit auf durchschnittlich 66 % und somit auf fast zwei Drittel der erwachsenen Bevölkerung. 82 % der Zuhörer gaben an, dass sie eine Methode der HIV/AIDS-Prävention als direkte Folge dieses Programms gewählt haben; 25 % der neuen Familienplaner in Tansania nannten *Twende Na Wakati* als den Grund. Das Dodoma-Gebiet in Tansania wurde in den Jahren 1993-1995 als experimentelle Kontrolle von der Funkübertragung für dieses Programm ausgeschlossen. Die anhaltende Tragödie in Dodoma (wo sich das Verhalten AIDS gegenüber nicht änderte) führte dazu, dass dieser kontrollierte Teil des Experiments nach zwei Jahren beendet wurde, um Dodoma die Vorteile zu bringen, die der Rest des Landes schon genossen hatte (Rogers und Singhal, 1999, S. 131-134 und S. 152-171).

Der Professor für Pädiatrie an der Harvard Medical School, Don Berwick, startete 2004 eine Kampagne, um die Inzidenz von Todesfällen durch medizinische Fehler zu reduzieren, die allein in den USA schätzungsweise 98.000 Menschenleben pro Jahr kosteten. Berwick gründete das "Institute for Healthcare Improvement" und kündigte an, in den nächsten 18 Monaten 100.000 Menschenleben zu retten. Um dies zu tun, stürzte er sich auf sehr spezifische Ziele wie die Reduktion der Zahl der "Adverse Drug Events" (negative Drogenereignisse) um 75% in einem Jahr. Äußerst erfolgreiche Ergebnisse werden nicht durch rationale Argumente erreicht, sondern durch die Erzählung bewegender Geschichten von Patienten, die gestorben sind, oft erzählt von einer Person, die das Ereignis erlebt hat und die sogar in Tränen ausbricht, wenn sie die Geschichte erzählt. Im Juni 2011 schloss sich Berwick mit Geraint Martin zusammen, dem CEO des Counties Manukau District Health Board (CMDHB) in Auckland, Neuseeland, um das Ko-Awatea-Programm zu entwickeln, das auf Ericksonschen Metaphern basierte Schulungen für 300 Studenten pro Tag anbietet. Inspiriert von den IHI-Kampagnen führt Ko Awatea mehrere eigene Kampagnen durch, von denen die ehrgeizigste die Reduktion um 20.000 Betttagen ist, mit dem Ziel, Krankenhausbetttage um 5 Prozent zu reduzieren.

Der ehemalige Präsident Jimmy Carter und der ehemalige nigerianische Präsident Dr. Yakubu Gowon waren für die Ausrottung einer äußerst bedrückenden Krankheit namens Guineawurm in Nigeria verantwortlich. Die Krankheit wird durch einen winzigen parasitären "Wurm" verbreitet, der im Wasser lebt und sich unter die Haut des Menschen bohrt. Seine Ausbreitung kann nur durch eine sorgfältige Wasser-Filterung vor dem Trinken gestoppt werden. Zu den Krankheitssymptomen gehören Fieber und ein verzweifeltes Verlangen nach Wasser, das den Infektionszyklus fortsetzt. Gowon, eine beliebte Persönlichkeit des öffentlichen Lebens auf dem Land, ging von Dorf zu Dorf und erzählte Geschichten darüber, wie die Krankheit in anderen Dörfern ausgerottet worden war, und demonstrierte den Filterprozess. Als das Carter Center 1986 begann, die Kampagne zur Ausrottung von Guineawürmern zu führen, wurden schätzungsweise 3,5 Millionen Fälle in 20 Ländern Afrikas und Asiens gefunden. Als das nigerianische Gesundheitsministerium und das Carter Center mit der Beseitigung begannen und die erste landesweite Fallsuche durchführten, die zu 653.492 gemeldeten Fällen führte, galt Nigeria als das meist Guineawurm-endemische Land der Welt. Den letzten Fall in Nigeria erlitt Grace Otubu, 58, aus dem Dorf Ezza Nkwubor im Bundesstaat Enugu, die im November 2008 geheilt wurde. Seitdem gab es keine Fälle mehr. Die weltweite Ausrottung geht weiter, und die Zahl der Fälle war bis Dezember 2009 auf 3.200 gesunken.

Die Forschung über Metaphern: Es ist nochmals Rapport!

Wie schaffen Metaphern diese Art von Einfluss? Greg Stephens, Lauren Silbert und Uri Hasson von der Princeton University (2010) zeigten erstmals, dass, wenn eine Person eine Geschichte erzählt und eine andere Person zuhört, die beiden Menschen eine synchronisierte Gehirnaktivität aufweisen. Diese Beziehung tritt nicht dort auf, wo bloße Tatsachen vermittelt werden, und ist wahrscheinlich auf die Aktivierung von sensorischen Bildern zurückzuführen, die von der Geschichte sowohl beim Erzähler als auch beim Hörer heraufbeschworen werden. Sie fassen zusammen: "Verbale Kommunikation ist eine gemeinsame Aktivität; Sprachproduktion und -verständnis sind jedoch in erster Linie als eigenständige Prozesse innerhalb der Grenzen einzelner Gehirne analysiert worden. Hier haben wir fMRI angewendet, um die Gehirnaktivität sowohl von Sprechern als auch von Zuhörern während der natürlichen verbalen Kommunikation aufzuzeichnen. Wir nutzten die raumzeitliche Gehirnaktivität des Sprechers, um die Gehirnaktivität des Zuhörers zu modellieren, und stellten fest, dass die Aktivität des Sprechers räumlich und zeitlich mit der Aktivität des Zuhörers gekoppelt ist. Diese Kopplung verschwindet, wenn die Teilnehmer nicht kommunizieren. Obwohl im Durchschnitt die Gehirnaktivität des Zuhörers die Aktivität des Sprechers mit einer Verzögerung spiegelt, finden wir darüber hinaus auch Bereiche, die prädiktive vorausschauende Reaktionen aufweisen. Wir verbanden das Ausmaß der neuronalen Kopplung mit einer quantitativen Messung des Erzählverständnisses und stellen fest, dass je größer die vorausschauende Sprecher-Zuhörer-Kopplung ist, desto größer das gemeinsame Verständnis ist. Wir argumentieren, dass die beobachtete Ausrichtung produktions- und verständnisbasierter Prozesse als Mechanismus dient, durch den Gehirne Informationen vermitteln."

Dies bestätigt, dass ein Mensch, um eine Geschichte zu verstehen, sie sich in sensorischen Details vorstellt und sich so mit dem Geschichtenerzähler synchronisiert und die emotionalen Reaktionen erlebt, die der Erzähler auch hervorruft. Das ist natürlich ein sehr altes Verständnis. Auf die Frage "Warum redest du zu ihnen in Gleichnissen?" soll Jesus von Nazareth geantwortet haben, indem er einen jüdischen Propheten zitierte und sagte, sein Ziel sei es, dass die Menschen durch Geschichten geführt werden müssten, damit "sie mit ihren Augen wahrnehmen und mit ihren Ohren hören und mit ihrem Herzen verstehen und sich an mich wenden, um sie zu heilen." (Christliche Bibel, Mathew, 13.15. In älteren Übersetzungen wörtlicher formuliert: "damit diejenigen mit Augen sehen, diejenigen mit Ohren hören, und diejenigen mit ihrem Herzen zur Einsicht kommen, damit sie sich bekehren und ich sie heile.").

Diese Forschung und die obigen Beispiele unterstreichen, dass erfolgreiches Geschichteerzählen die folgenden Kriterien erfüllen muss:

- Rapport zuerst herstellen (z.B. beachte den Respekt, der General Gowon entgegengebracht wurde, die Art und Weise, wie Menschen sich mit Mkwaju in Tansania identifizierten).

- Geschichten mit fesselnden sensorischen Details erzählen, einschließlich Emotionen.
- Geschichten, die zu einem positiven Abschluss kommen erzählen (z.B. die Geschichten über andere Dörfer mit Wasser-Filterung in Nigeria, den Erfolg von Tenu in Tansania).
- Geschichten erzählen, die deutlich machen, welches spezifische Verhalten geschehen muss und zeigen, wie es möglich ist.

Ökologische Werte von Führungskräften herausfordern

Du wirst feststellen, dass ich hier selbst Metaphern verwende, um zu erklären, wie Aktivismus funktioniert. Ein gutes Beispiel für Wertekonflikte in den letzten fünfzig Jahren war der von Umweltgruppen geführte Kampf, um die Werte von Wirtschaftsführern auf der ganzen Welt zu beeinflussen. Manchmal haben sie Zwang direkt angewendet. So hatte Weiss, eine Hamburger Ölraffinerie, jahrelang illegale Abfallprodukte in den Hafen gegossen, bis Greenpeace-Aktivisten die Sache selbst in die Hand nahmen. Sie verstopften das Rohr und sagten der Firma Weiss, dass sie zwei Stunden Zeit hätten, um herauszufinden, wie sie mit ihren Abflüssen sauber umgehen können, bevor ihre Tanks überzulaufen begannen. Die Anlage wurde für sechs Monate stillgelegt, während derer sie ihre Prozesse neugestalteten. Seitdem erzeugen sie keinen schädlichen Abfluss (Hawken, Lovins und Lovins, 1999, S. 65).

Einige Umweltaktivisten haben jedoch einen völlig anderen Ansatz gewählt. Amory Lovins ist ein Beispiel. Das Wall Street Journal nannte ihn einen von 28 Personen weltweit, "die am wahrscheinlichsten die Entwicklung des Geschäftsbetriebs ändern werden". Ein Automagazin stufte ihn als einen der 22 mächtigsten Menschen in der globalen Automobilindustrie ein, trotz seines erklärten totalen Widerstands gegen den Verbrennungsmotor. Er arbeitet mit einem Viertel der 50 weltweit führenden Markennamen zusammen: Unternehmen, von denen er sagt, dass sie "uns auf ihr höchstes Niveau bringen, so radikale Geschäftsstrategien, dass man meinen würde, sie seien von Greenpeace-Aktivisten geschrieben worden."

Wie gelingt Lovins das? Er erklärt: "Ich denke, dass diese Arbeit immer mehr Anhänger über das gesamte politische Spektrum und vor allem im privaten Sektor anzieht, weil sie Sinn ergibt, und Geld beschafft. Es ist ziemlich transideologisch, und wir sind natürlich überparteilich und arbeiten mit allen. Wir sind auch nicht kontradiktorisch. Wir versuchen, den Leuten nicht zu sagen, dass sie falsch liegen; wir ehren ihre Überzeugungen, wie wir auch unsere ehren würden, auch wenn wir mit ihnen nicht einverstanden sind. Dies ist eine Kunst, die man Aikido-Politik nennen könnte, wo man nicht mit einem Gegner kämpft, sondern mit einem Partner tanzt. Du bist einem Prozess verpflichtet, nicht einem Ergebnis, in dem Glauben, dass aus einem guten Prozess ein besseres Ergebnis hervorgehen wird, als das, was irgendjemand je im Sinn hatte. Und dann, wenn es zu einem guten Ergebnis kommt, wie es im Allgemeinen der Fall ist, ist es natürlich deine Aufgabe, dafür zu sorgen, dass jeder, der dafür Anerkennung erhalten will, ob verdient oder nicht, diese dann kriegt. Im Tao Te King gibt es eine Bemerkung über Wasser: "Dass das nachgebendste von allem, das ist, was am schwierigsten zu überwinden ist – eine Tatsache, die allen bekannt ist, aber von niemandem verwendet wird. Da es substanzlos ist, kann es auch dort eindringen, wo es keine Risse gibt." Wir müssen denselben subtil effektiven Ansatz anwenden, um mit Konflikten und den unterschiedlichen Vorstellungen darüber, was getan werden sollte, umgehen." (Witt, 1999).

Die britische Herrschaft in Indien herausfordern

Das berühmteste historische Beispiel für Werte, die in der internationalen Politik Einfluss nehmen, war Mahatma Gandhis Kampagne, Indien von der britischen Herrschaft zu befreien. Gandhi selbst war sehr klar über seine eigenen Werte (Duncan, Anm. d. H., S. 40-64), indem er Satya (Wahrheit) als sein höchstes Kriterium einstufte, dicht gefolgt von Nichtbesitz, Furchtlosigkeit, Toleranz, Demut und natürlich Ahimsa (Gewaltlosigkeit). Gandhi verwendete Modelling sehr explizit. Tatsächlich war die Einheit seines Handelns und seiner Überzeugungen so total, dass Gandhi, als ein amerikanischer Reporter ihn fragte, welche "Botschaft" er für Afroamerikaner in ihrem Kampf habe, überhaupt keine Prinzipien definierte. Er sagte einfach: "Mein Leben ist die Botschaft." (Brooks, 1947). Auf die Frage nach seiner Religion erklärte er: "Du musst mein Leben beobachten; wie ich lebe, esse, setze, rede, mich im Allgemeinen benehme. Die Summe von allem in mir ist meine Religion." (Iyer, 1986, S. 395).

Im März 1922 stand Mahatma Gandhi in Ahmedabad vor Gericht wegen Anstiftung zur Unzufriedenheit mit der britischen Regierung und somit Hass oder Verachtung gegen sie. Als Beispiele dafür wurden die Ausschreitungen von Leuten angeführt, die, wie irrtümlicherweise auch immer, behaupteten, Gandhi sei ihre Inspiration. Als Reaktion darauf und vor der Urteilsverkündung gab Gandhi eine sehr eloquente Aussage ab, die ein ausgezeichnetes Beispiel für Werteberatung ist, wie sie in diesem Werk erklärt wird. Er begann mit nachdenklichem Zuhören: "Ich möchte sagen, dass ich die Ausführungen des gelehrten Generalanwalts im Zusammenhang mit meinem demütigen Selbst voll und ganz unterstütze... Er hat völlig Recht, wenn er sagt, dass ich als Mann der Verantwortung, ein Mann, der einen angemessenen Anteil an Bildung erhalten hat, einen fairen Anteil an der Erfahrung dieser Welt gehabt hat, die Folgen jeder meiner Taten hätte kennen müssen. Ich wusste, dass ich mit dem Feuer spielte. Ich ging das Risiko ein, und wenn ich freigelassen würde, würde ich immer noch dasselbe tun. Ich habe heute Morgen gespürt, dass ich meiner Pflicht nicht nachgekommen wäre, wenn ich nicht gesagt hätte, was ich jetzt hier gesagt habe. Ich wollte Gewalt vermeiden. Gewaltlosigkeit ist der erste Artikel meines Glaubens. Es ist auch der letzte Artikel meines Glaubens-bekenntnisses. Aber ich musste meine Wahl treffen. Ich musste mich entweder einem System unterwerfen, das meiner Meinung nach meinem Land irreparablen Schaden zugefügt hat, oder riskieren, dass die Wut meines Volkes ausbrechen könnte, als es die Wahrheit von meinen Lippen verstand... Ich bin zufrieden, dass viele Engländer und indische Beamte ehrlich glauben, dass sie eines der besten Systeme der Welt verwalten und dass Indien stetige, wenn auch langsame Fortschritte macht."

Gandhi legte dann seinen eigenen Fall in Ich-Botschaftsform vor und sagte abschließend: "Ich habe mich bemüht, in ihrer kürzesten Form die Gründe für meine Unzufriedenheit darzulegen. Ich habe keinen persönlichen Unwillen gegen einen einzelnen der Überwacher, geschweige denn kann ich irgendeine Abneigung gegenüber der Person des Königs haben. Aber ich halte es für eine Tugend, einer Regierung gegenüber unzufrieden zu sein, die in ihrer Gesamtheit Indien mehr geschadet hat als jedes frühere System... Ich halte es für eine Sünde, eine Zuneigung zu dem System zu pflegen. Und es war mir ein kostbares Privileg, in den verschiedenen Artikeln, das, was ich geschrieben habe, schreiben zu dürfen, was als Beweise gegen mich angeführt wird." (Gandhi, in Duncan, 1972, S. 145-150).

Gandhi forderte seine Mitstreiter auf, sich an die wesentlichen Werte zu erinnern, die sowohl von der christlich-englischen Regierung als auch von der hinduistischen und moslemischen indischen Bevölkerung geteilt wurden. Er war der Ansicht, dass diese gemeinsamen Werte sowohl seinen Protest als auch seinen Wunsch motivierten, den Engländern keinen Schaden zuzufügen. Er erklärt: "Alle Religionen lehren, dass wir in Liebe und gegenseitiger Freundlichkeit zusammenleben sollten... Ich appelliere an Sie, meinen Brüdern ihren Nutzen zu lassen und, wie dem englischen Volk obliegt, sie zu verteidigen, wann immer sie verleumdet werden." (Gandhi, 1997, S. 38).

Die Nordirland-Geschichte

Um dir ein Gefühl dafür zu geben, wie Einfluss in einer Gemeinschaft aussieht, möchte ich die Geschichte Nordirlands etwas ausführlicher erklären. Viele Jahrhunderte lang wurde Irland (ein überwiegend katholisches Land) von Großbritannien (überwiegend protestantisch) regiert. Die Unterdrückung der irischen Bevölkerung führte in den 1840er Jahren zum Tod von über einer Million Menschen durch Hungersnöte und schließlich zu einem Aufstand im Jahr 1916. Ein Vertrag mit Großbritannien schuf 1921 den irischen Freistaat. Zu dieser Zeit wollte eine beträchtliche Mehrheit in den sechs nördlichen Grafschaften Irlands (die meisten von ihnen sind Nachkommen britischer Siedler und religiös protestantisch) die britische Herrschaft behalten. Ein separater nordirischer Staat wurde mit Verbindungen nach Großbritannien gegründet. In den 1960er Jahren protestierte eine Bürgerrechtskampagne in Nordirland gegen Ungerechtigkeiten gegenüber der katholischen Minderheit. Eine britische Polizeieinheit (The Royal Ulster Constabulary) wurde eingerichtet, um zivile Unruhen zu bekämpfen (eher brutal, wie spätere Ermittlungen gezeigt haben) und 1972 wurde die direkte Herrschaft von London wieder eingeführt. Die Reaktion der Protestbewegung umfasste die Gründung der paramilitärischen Provisorischen Irischen Republikanischen Armee (IRA), die einen Guerillakrieg (oder eine terroristische Kampagne, je nach Standpunkt) führte, um Nord- und Südirland wieder zu vereinen. Mitte der 1990er Jahre wurden mehr als 3500 Menschen durch Gewalt zwischen den Gemeinschaften und Angriffe seitens der IRA sowie der "loyalistischen" protestantischen paramilitärischen Gruppen wie der Ulster Defence Association getötet. Die Situation schien völlig unlösbar.

Im August 1994 erklärte die IRA nach Annäherungen der Regierungen Großbritanniens und Irlands einen vorübergehenden Waffenstillstand, der von loyalistischen Paramilitärs erwidert wurde. Friedensgespräche konnten jedoch nicht beginnen, weil die britische Regierung von John Major Verhandlungen mit der pro-IRA-Fraktion Sinn Féin ablehnte, bis die IRA alle ihre Waffen "stilllegte".

Auf Drängen der Republik Irlands traten nun die Vereinigten Staaten von Amerika in die Situation ein. 1995 besuchte Präsident Bill Clinton Nordirland und hielt Gespräche mit Gerry Adams von Sinn Féin und den unionspolitischen Führern David Trimble und Ian Paisley. Ein internationales Vermittlungsteam unter der Leitung des demokratischen US-Senators George

Mitchell wurde eingesetzt, um im Juni 1996 Friedensgespräche aufzunehmen. Seine Mitvermittler in diesem Prozess waren der ehemalige finnische Premierminister Harri Holkeri und der Chef der kanadischen Verteidigungsstreitkräfte, John de Chastelain. 1997 übernahm die Labour-Partei unter Tony Blair die Regierung in Großbritannien. Blairs neue Haltung gegenüber Irland zeigte sich in seiner Annahme, dass die Stilllegung parallel zu Friedensgesprächen verlaufen könnte, und in seiner historischen Entschuldigung für die britischen Aktionen in der irischen Hungersnot der 1840er Jahre. Am Karfreitag, dem 10. April 1998, fast zwei Jahre nach Beginn der Friedensgespräche, wurden sie erfolgreich abgeschlossen. Das daraus resultierende Abkommen wurde dann in einem öffentlichen Referendum am 22. Mai von 71,12 % in Nordirland und 94,4 % in der Republik Irland ratifiziert.

Die durch diesen Prozess ins Leben gerufene Nordirische Versammlung überlebte mit den ehemaligen Erzrivalen Ian Paisley (einem Unionist) und Martin McGuinness (einem ehemaligen IRA-Mitglied) an der Spitze. Die Waffenruhe vom 1998 besteht weiterhin. Wieso waren diese Verhandlungen erfolgreich, wo andere Versuche der voherigen dreißig Jahre gescheitert waren? George Mitchells Beschreibung des Prozesses (1999) und der Text des Abkommens enthalten einige wichtige Leitlinien, die auch in kleinen Vermittlungsverfahren angewendet werden können.

George Mitchells Ansatz wurde von Rushwood Kidder, dem Gründer des Institute for Global Ethics, (Kidder, 1998) als eine Kombination aus drei Elementen beschrieben, die hier mit Kidders Kommentaren beschrieben werden:

- **Geduld.** "Er hörte aufmerksam zu, hielt sich zurück und gab nie auf."
- **Druck.** "Mitchell mäßigte Geduld mit Entschlossenheit. Er setzte eine Osterwoche Frist und zwang die Parteien mit schlafloser Beharrlichkeit sie zu erfüllen."
- **Prinzipien.** "Zu den ersten Themen, die unter der Überschrift "Erklärung der Unterstützung" behandelt wurden, gehörten die gemeinsamen Grundwerte, auf die sich die Parteien geeinigt hatten... Wenn man einen Konsens über Werte aufbaut, kann die Beziehung große Unterschiede auf strategischer und operativer Ebene tolerieren."

Lass uns diese in Bezug auf die Fertigkeiten, die wir in diesem Buch behandelt haben, überprüfen. Erstens beinhaltet das, was Kidder als Geduld bezeichnet, klare Problemverantwortung (Mitchell wusste, dass es die nordirischen Parteien waren, die Lösungen finden mussten, nicht er) und helfende Fertigkeiten (Anwesenheit, Beziehung und reflektierendes Zuhören). Mitchell erklärte, dass er manchmal Monologen zuhörte, die über zwei Stunden dauerten, denn "ich glaube daran, dass man die Leute zu Wort kommen lassen muss." (Mitchell, 1999, S. 86).

Zweitens konzentriert sich der "Druck" oder die Entschlossenheit auf den Verhandlungsprozess, nicht auf den Inhalt. Mitchell treibt seine eigenen Lösungen nicht voran, aber er ist bereit, auf einem bestimmten Prozess zu bestehen. Er erklärte: "Ich hatte während der gesamten Diskussion das Gefühl, dass meine Fähigkeit, effektiv zu sein, letztlich mehr davon abhängen würde, dass ich das Vertrauen und das Zutrauen der Teilnehmer gewinne, als von der formalen Beschreibung meiner Autorität." (Mitchell, 1999, S. 57). Ein Großteil der Organisation des Prozesses begann, bevor sich die Parteien überhaupt trafen. Mitchell traf sich einzeln mit den Parteien, um Hintergrundinformationen zu sammeln und legte sechs Grundprinzipien fest, die darauf bestanden, dass die Verpflichtung jeder Partei, sich der Gewalt zu enthalten, für die Verhandlungen von wesentlicher Bedeutung sei. Er beteiligte alle Gruppen von der UDP (der loyalistischen Partei, die von der Ulster Defence Association unterstützt wurde) bis Sinn Féin (die republikanische Partei, die von der IRA unterstützt wurde) sowie die britische und irische Regierung. Während die Verhandlungen weitergingen, beinhaltete Mitchells "Entschlossenheit" die Strukturierung des Prozesses in zweierlei Hinsicht:

Die Gespräche sollten am 10. Juni 1996 beginnen. Ostern 1998 wurde als Enddatum festgelegt, weil es ein nationales Referendum vor der "Marschsaison" im Juli ermöglichte, wenn ein Konflikt zwischen den beiden Konfliktgemeinden wahrscheinlicher ist. Das war auch wenige Tage bevor die britische Rechtsgrundlage für die Gespräche als "Forum" auslief. Ein bestimmter Endtermin half den Unterhändlern dabei, ihre Kommentare zu gestalten und fokussiert zu bleiben.

Die Gespräche hatten Grundregeln und eine Agenda, die ihnen von den Regierungen Großbritanniens und Irlands im Juni 1996 übergeben wurde. Mitchell ließ sich davon jedoch nicht täuschen. Er verbrachte die nächsten zwei Monate damit, Leitlinien und eine Agenda auszuhandeln, die für die Teilnehmer akzeptabel waren. Die Leitlinien enthielten eine strikte Vertraulichkeit und ein Verfahren zur Überprüfung eines "ausreichenden

Konsenses" (Mitchell, 1999, S. 62). Letzteres erlaubte es im Wesentlichen jeder Partei, einschließlich der Regierungen Großbritanniens und Irlands, ein Veto gegen jede Entscheidung einzulegen.

Erstens hat George Mitchell die verschiedenen Parteien elegant dazu geleitet, einige außergewöhnliche gemeinsame Werte als Grundlage für die Schaffung eines neuen Nordirlands zu identifizieren. In der Unterstützungserklärung zu Beginn des Friedensabkommens heißt es: "Wir bekennen uns zu Partnerschaft, Gleichheit und gegenseitigem Respekt als Grundlage der Beziehungen... Wir bekräftigen unser uneingeschränktes und absolutes Engagement für ausschließlich demokratische und friedliche Mittel zur Beilegung von Differenzen in politischen Fragen und unsere Ablehnung jeglicher Gewaltandrohung durch andere für jeden politischen Zweck, sei es in Bezug auf diese Vereinbarung oder auf andere Weise."

Konsens ist der Name, der die Verwendung von Win-Win-Konflikt-Lösungen in einer Gruppe beschreibt. Ziel des Konsenses ist eine Entscheidung, der alle Fraktionsmitglieder zustimmen. Das muss nicht heißen, dass jeder denkt, dass dies die beste Lösung ist (ein einstimmiger Beschluss). Es bedeutet nur, dass jeder mit der Entscheidung leben kann und sich bereit erklärt, die Gruppe bei der Entscheidung für eine Lösung zu unterstützen. Gruppen, die diese Methode anwenden, haben eine Reihe von Möglichkeiten entwickelt, um aus den Pattsituationen auszubrechen, die gelegentlich in Konsensdebatten auftreten. George Mitchell nutzte diese gekonnt.

- Abstimmen, ob die Mehrheitsregel für diese Frage akzeptiert wird oder mit Konsens fortgesetzt werden soll. Dies geschah zu Beginn der Verhandlungen im Jahr 1996, als George Mitchell bei den Gesprächen mit einer von den Regierungen Großbritanniens und Irlands festgelegten Agenda auftauchte. Obwohl diese Regierungen die "Mehrheit" der Menschen auf den beiden Inseln repräsentierten, lehnten andere Parteien bei den Gesprächen die Vorstellung ab, dass eine Agenda auf diese Weise festgelegt werden könnte, und bestanden darauf, eine Suche nach einem Konsens auch in der "Hintergrundfrage" der Tagesordnung fortzusetzen.
- Kleinere "Fraktionssitzungen" halten, um die Position jeder Partei zu klären. Mitchell nutzte dies Mitte 1996, als Unruhen Nordirland außerhalb der Gespräche ergriffen hatten. Er erklärt: "Es war offensichtlich, dass in den Gesprächen unter den gegenwärtigen Umständen keine Fortschritte erzielt werden konnten. Aber alle übrigen Parteien wollten, dass der Prozess fortgesetzt wird; sie befürchteten, dass die Gespräche im Falle einer

längeren Vertagung nie wieder aufgenommen werden könnten. Ich beschloss, dass der beste Ansatz darin bestünde, den Prozess fortzusetzen, aber die Treffen in bilateraler Form abzuhalten, indem zwei oder drei Parteien sich mit dem Vorsitzenden treffen." (Mitchell, 1999, S. 60).

- Eine Pause in der Diskussion machen. Anfang 1997 benutzte Mitchell diese Methode inmitten einer Sackgasse betreffend die Stilllegung von Waffen. Sinn Féin konnte an den Gesprächen nicht teilnehmen, weil sie John Majors Forderung nach Stilllegung *vor* den Gesprächen ablehnten. Mitchell sagte: "Anfang März schien es offensichtlich, dass eine Zeit lang keine Fortschritte in unseren Verhandlungen möglich sein würden. ... Am 5. März haben wir die Gespräche also auf Juni verschoben. Es war ein trauriges und beunruhigendes Abschiednehmen." Während dieser dreimonatigen Pause trat die neue britische Regierung von Tony Blair ihr Amt an. Plötzlich wurde die Stilllegung *während* der laufenden Gespräche zu einer Option, die den Weg aus der Sackgasse erlaubte.
- Eine Probeabstimmung abhalten, um das Gefühl zu überprüfen. Mitchell nutzte diesen Prozess kontinuierlich, indem er sich vor den Hauptsitzungen mit jeder Partei traf oder sie anrief. Manchmal rief er das Plenum erst zusammen, sobald er auf diese Weise die Übereinstimmung geprüft hatte. Dazu gehörte auch die endgültige Entscheidung über das Abkommen, die eintrat, nachdem der Unionist David Trimble Mitchell kontaktiert hatte, um zu bestätigen: "Wir sind bereit, das Geschäft zu machen" (Mitchell, S. 180).

Wie George Mitchell seine Kommentare entwarf

Als Vermittler waren George Mitchells eigene Kommunikationsfähigkeiten entscheidend für den Erfolg der Gespräche. Zu den Schlüsselkompetenzen, die er unter Beweis stellen musste, gehörten:

Reflektierendes Zuhören und Ich-Botschaften. Mit seiner Fähigkeit, seine eigenen Meinungen und Antworten klar zu formulieren und anderen zuzuhören und sie anzuerkennen, baute Mitchell wiederholt Vertrauen auf. Er tat dies nicht nur in Bezug auf die technischen Details des Abkommens, sondern auch in Bezug auf die emotionale Erfahrung des Verhandlungsprozesses. Als er in eine Sackgasse geriet, sagt er zum Beispiel: "Ich habe ihnen gesagt, dass ich zutiefst enttäuscht und frustriert bin, da ich wusste, dass sie alle auch enttäuscht und frustriert waren." (Mitchell, 1999, S. 127) Mitchell bat auch andere, die gleichen Fertigkeiten zu nutzen. Dies war besonders wichtig zu Beginn der Friedensgespräche, als Mitchell sagte: "Ich habe an alle Teilnehmer appelliert, ihre Worte zu abzumildern. Ich sagte ihnen, dass ich mit der Taktik der Dämonisierung des Feindes vertraut war, nachdem ich gesehen habe, wie sie in meiner Heimat in Kriegszeiten eingesetzt wurde. Bei diesem Prozess ging es jedoch nicht um Krieg, sondern darum, den Krieg zu beenden und Frieden, politische Stabilität und Aussöhnung herzustellen." (Mitchell, 1999, S. 121).

Umdeutung (Reframing). a) Bedeutung: Die Fähigkeit der Umdeutung wurde in einem früheren Kapitel diskutiert. Sie hat zwei Aspekte. Angesichts einer tatsächlichen Zunahme der "terroristischen" Bombenanschläge, während die Nordirland-Gespräche sich nach vorne kämpften, erklärte Mitchell: "Ich denke, es wird immer offensichtlicher, dass diejenigen, die keinen erfolgreichen Abschluss wollen, drastischere und extremere Maßnahmen ergriffen haben, da sich die Aussicht auf einen erfolgreichen Abschluss dieser Verhandlungen verbessert hat." (Mitchell, 1999, S. 142). In dieser Erklärung definiert Mitchell die zunehmende Gewalt neu oder "deutet sie um" als eine indirekte Bestätigung, dass die Gespräche auf dem richtigen Weg sind. Das ist ein "Bedeutungs-Reframing". Die Frage, die er sich gestellt hatte, lautete: "Was könnte diese Situation noch bedeuten, das *nützlich* wäre?“

Umdeutung. b) Kontext: Eines der wichtigen Kontext-Reframings, die George Mitchell in Nordirland verwendete, bestand darin, zu akzeptieren, dass bestimmte Aussagen in bestimmten sozialen Kontexten nützlich sind. Manchmal kann in der öffentlichen Situation eines Verhandlungsraums schneller eine Einigung erzielt werden, sobald eine Partei das Gefühl hat, dass ihr Gefühl der Würde oder Identität in ihrer Gemeinschaft sicher ist. An einem Punkt der Friedensgespräche veröffentlichte die Zeitung Sinn Féin ein Interview mit einem IRA-Sprecher. Auf die Frage nach Sinn Féins Zustimmung, Gewalt beiseitezulegen, sagte der IRA-Sprecher: "Die IRA würde Probleme mit Teilen der Mitchell-Prinzipien haben. Aber dann ist die IRA nicht an diesen Gesprächen beteiligt." (Mitchell, 1999, S. 115).

Forderungen nach einem Ausschluss Sinn Féins aus den Gesprächen folgten sofort. Aber George Mitchell scheint erkannt zu haben, dass diese IRA-Erklärung auf radikalere Teile der IRA gezielt war, die immer noch eine ambivalente Haltung zum Friedensprozess hatten. In diesem Zusammenhang waren die Bemerkungen nicht nur verständlich, sondern auch nützlich für den Friedensprozess. Er schloss die daraus resultierende Debatte in der Sitzung der Friedensgespräche mit diesem interessanten und vielschichtigen Reframing ab: "Ich habe ihnen gesagt, dass ich die nie endenden Spannungen zwischen individuellem Gewissen und kollektiver Verantwortung verstanden habe;

zwischen den Forderungen eines Wahlkreises und denen der größeren Gesellschaft; den einfachen menschlichen Konflikt zwischen der Pflicht zur Familie und der Pflicht zu öffentlichen Ämtern. Für die meisten Menschen, sagte ich, ist das Leben im Wesentlichen eine endlose Suche nach Respekt – zuerst Selbstachtung und dann der Respekt anderer. Es gibt keinen sichereren oder sinnvolleren Weg, diesen Respekt zu verdienen, als durch den Dienst an anderen Menschen. Also sagte ich ihnen, dass sie den Respekt ihrer Mitbürger und ihre Dankbarkeit verdienen würden, wenn diese Verhandlungen erfolgreich abgeschlossen sein würden." (Mitchell, 1999, S. 119).

Entwicklung spezifischer Win-Win-Vereinbarungen. Am Ende des Prozesses besteht ein Teil der Vermittlerrolle darin, schriftliche, sensorisch spezifische Vereinbarungen zu sichern, die genau beschreiben, wie die grundlegenden Bedürfnisse oder Ergebnisse jeder Partei erfüllt werden. Im Falle Nordirlands beinhaltete das Abkommen die Einrichtung eines Nord-Süd-Ministerrats, der Irland anbinden würde (etwas, was die Republikaner wollten) sowie eine separate Nordirische Versammlung (etwas, was die Unionisten wollten). Jede Gruppe befürchtete, dass die andere daran arbeiten würde, ihre bevorzugte Institution zum Funktionieren zu bringen und die Institution zu sabotieren, die sie nicht wollten. Um dieses Problem zu lösen, enthielt die endgültige Formulierung wiederholt eine Klausel, die Tony Blair als "gegenseitige Zerstörung" bezeichnete und besagte, dass der andere nicht weitermachen könnte, wenn der eine scheitert. In realen Verhandlungen geht es nicht immer darum, alle Meinungsverschiedenheiten vollständig zu lösen und alle vollkommen zufrieden zu stellen. In einer Studie über den Einsatz von Vermittlung in modernen internationalen bewaffneten Konflikten beispielsweise führten nur 5 % der Vermittlungen zu Vereinbarungen, und in 8 % der Konflikte wurden Waffenstillstände erreicht. In etwa 50 % der Fälle wurden jedoch positive Ergebnisse der Mediation von beiden Seiten anerkannt (Bercovitch und Rubin, 1992, S. 30). Die Vermittlung ist schließlich ein "Moment" in einer andauernden Beziehung zwischen den Parteien. Häufig, wie in Nordirland, ist das, was erreicht wird, etwas "Machbares" – ein Plan, den beide Parteien als einen sehen, der einige ihrer Anliegen besser als der Status Quo erfüllt, und der das Gefühl der Zusammenarbeit fördert.

Die Entwicklung dieser Art von "machbaren" Vereinbarungen ist das Schlüsselmuster, das wir in der Rolle "Reformer" verwenden – die letzte Rolle im sozialen Wandel (siehe Kapitel 3, Arten des sozialen Wandels und Rapport).

Haltung

Die Haltung eines Aktivisten ist eindeutig genauso wichtig wie seine Fertigkeiten. Science-Fiction-Autor Theodore Sturgeon erzählt eine Geschichte über diese Haltung (so sehr ich Sturgeons Fiktion mag, diese Geschichte ist zufällig wahr).

Einmal in Sturgeons Jugend war er bei einem Familientreffen mit seinen Großeltern und seinem Onkel. Sein Großvater war ein pensionierter englischer Pfarrer, dessen "Gehirn nur ein wenig zu schmelzen begann", während seine Großmutter noch sehr präsent und "federführend" war. Während des Familientreffens brach ein heftiger Streit zwischen Onkel Ernest und der Großmutter aus, über ihre Versuche, Entscheidungen für die ganze Familie zu treffen. Beleidigt stürmte der Onkel davon und nahm eine Überdosis des Adrenalins, mit dem er sein Asthma bekämpfte. Als er zurückkam, hatte er nadelstichgroße Pupillen, seine Wangen waren feurig rot, und er hielt eine automatische Pistole in der Hand. Wütend schrie er, dass er sich umbringen und das Haus niederbrennen würde.

Als er hektisch darüber nachdachte, wie er am besten in den Streit eingreifen konnte, und sich gleichzeitig fragte, wie sein Onkel das Haus niederbrennen konnte, nachdem er sich selbst getötet hat, saß Sturgeon am Rande seines Stuhls. Dann plötzlich, ‚... mein Großvater kam aus seiner eigenen Welt zurück, legte seine Teetasse auf den niedrigen Tisch, stand auf und stand Nase an Nase mit dem wilden Mann. "Hör mal, Ernest", sagte er in seiner sanften Oboenstimme: "Warum können wir nicht alle Kumpels sein?"‘

Die Wirkung war dramatisch. Onkel Ernest brach in Gelächter aus, fing an zu husten, ließ sich in einen Stuhl sinken und ließ dabei seine Waffe fallen. Der Humor in dieser Geschichte beruht natürlich darauf, dass wir alle die realitätsfremde Naivität des Großvaters erkennen. Aber Sturgeon bietet eine dramatische Umdeutung. Wer, fragt er, ist hier wirklich realitätsfremd? Der alte Mann mit seiner einfachen Frage: "Warum können wir nicht alle Kumpels sein?" oder diejenigen von uns, die machtlos daneben sitzen, während ein Mann einen Mord plant? Es ist eine Frage, von der Sturgeon sagte, dass sie in jedes Mal verfolgte, wenn er ein paar Katzen kämpfen sah... oder einen Flug von B52-Bombern, die zur Bombardierung eines nahöstlichen Dorfes abhoben. Er schließt: "Warum können wir nicht alle Kumpels sein? Warum können wir das nicht? Warum?" Genau diese Frage stellt der Aktivist in jedem Moment, um Veränderungen zu verwirklichen.

Das Beeinflussen von Werten zusammengefasst

Einflussnahme in einem Wertekonflikt beinhaltet also im Allgemeinen:

1. Gemeinsame Werte finden und nutzen (insbes. Bürger-Rolle)
2. Deine Meinung mittels beratender Ich-Botschaften teilen und reflektieren (insbes. Rebell-Rolle)
3. Das Verhalten, das du verwenden möchtest, modellieren (insbes. die Rolle Agent des Wandels)
4. Spezifische Metaphern verwenden
5. Herausforderungen als Teil der Lösungsfindung umdeuten
6. Win-Win-Vereinbarungen für praktische Details schaffen, ohne zu versuchen, die großen Probleme auf diese Weise zu kontrollieren. (insbes. Reformer-Rolle)

Entwicklung einer Kampagne

Es gibt für dich also ein Thema, womit du unzufrieden bist und wofür du Änderungen provozieren willst. Wie entscheidest du, was zu tun ist? Hier ist eine Übersicht – unabhängig davon, ob du auf Veränderung in einer Organisation, Gemeinschaft, Nation oder einem Planeten abzielst. Anstatt nur auf Ereignisse zu reagieren, die von Machtinhabern initiiert wurden, denke all die Aspekte gründlich durch. Damit wirst du sicherstellen, dass du deine Energie effektiv fokussierst, dich nicht ablenken lässt oder ausbrennst und die maximale Wirkung mit dem geringsten Aufwand erringst. Wenn du dich in einer Gruppe befindest, wäre es natürlich wertvoll, mit einer Art Checkliste eine längere Planungssitzung durchzuführen.

Evaluierung

A. Die vier Rollen und die Phasen

- Welche anderen Gruppen befassen sich bereits aktiv mit diesem Thema? Ist ihr Ansatz in erster Linie der des Bürgers/Rebellen/Wandel-Agenten/Reformers?
- Welche Rollen sind derzeit nicht ausreichend oder nicht positiv ausgedrückt und welche kannst du am effektivsten selbst übernehmen?
    - Spricht jemand über den gemeinsamen Wert, der verletzt wird?
    - Weist jemand darauf hin, dass das System selbst von dieser Verletzung abhängt und diese schützt?
    - Erstellt derzeit eine Gruppe ein Modell der idealen Aktivität, das dir zur Verfügung steht und als Alternative dokumentiert werden kann?
    - Versucht jemand in einer Machtposition bereits, formalisierte Veränderungen zu diesem Thema herbeizuführen?
- Stehen Menschen in diesen verschiedenen Rollen im Konflikt oder verstehen sie den Wert der Zusammenarbeit?
- Was ist in der Geschichte dieses Themas bereits geschehen?
- Wo befindest du dich im Lebenszyklus eines Veränderungsprozesses?
- Welche Rückschläge müssen neu umgedeutet werden?

B. Ein spezifisches Ziel wählen

- Welche Ereignisse sollten in einem Jahr, in zwei Jahren, in fünf Jahren, in zehn Jahren geschehen?
- Welche Messwerte wirst du nutzen, um sicherzugehen, dass das Ziel erreicht wird?
- Wer an der Macht müsste was genau tun, damit das Ziel erreicht wird (z.B. welche Regierungsbehörde müsste welches Gesetz verabschieden)?
- Maximiert die Fokussierung auf dieses Ziel das Image, das du öffentlich vermitteln möchtest, und trägt es dazu dabei, das nächste Ziel mit Energie zu versorgen, wenn es gelingt?
- Wie lange planst du, an der Initiative beteiligt zu sein, wie viel Zeit pro Woche wirst du voraussichtlich damit verbringen und welche Gelder wirst du voraussichtlich einsetzen?
- Welche Finanzierungsquellen und Informationsquellen benötigst du und worauf hast du bereits Zugriff?
- Was ist inspirierend an diesem Ziel? Kannst du die Kampagne genießen, unabhängig davon, wie lange die Erreichung des Ziels dauern mag?
- Unter welchen Umständen würdest du die Kampagne verlassen, weil sie zurzeit zu schwierig für dich ist?

C. Verbündete

- Wer sind potenzielle Verbündete, nachdem deine Kampagne beginnt? Wie kannst du ihnen helfen, zu deinen Verbündeten zu werden?
- Wie wirst du Menschen einbeziehen, die sich für dein Ziel interessieren, und wie wirst du ihre Unterstützung und ihr Interesse aufrechterhalten?
- Kannst du das Problem und das Ziel in einer Weise definieren, die für alle akzeptabel ist, die du zu Verbündeten machen willst?
- Wie wirst du mit Konflikten innerhalb deiner Gruppe umgehen, z.B. über Kompromissangebote?

D. Gegner

- Wer profitiert von diesem Problem und wird wahrscheinlich versuchen, deinen Fortschritt zu hindern, und was könnten sie unternehmen?

- Was sind die wichtigsten Stärken und Schwächen deines Gegners? Welche sind deine?
- Wie erklärt sich dein Gegner, dass er "der Gute" ist? Wie kannst du ihnen helfen, sich immer noch wie "der Gute" zu fühlen, während er sich zugunsten deines Ziels ändert?
- Von wessen Kooperation hängt das derzeitige System ab, und wie kann man dafür sorgen, dass diese Parteien ihre Kooperation beenden?

E. Taktiken

- Mit welchen Taktiken hast du Erfahrung oder fühlst du dich in der Lage anzuwenden? (z. B. Online-Petitionen, Social-Media-Kampagnen, Mahnwachen, Märsche, Briefschreibkampagnen, Medienveranstaltungen, Erstellung von Medien wie Videos, Zeitschriften, Broschüren, Tür-zu-Tür-Werbung).

Aktionsphasen

1. Aufgaben des Bürgers.

- Wenn das Problem neu ist, identifiziere einen akzeptierten Wert oder ein Ziel in der Mainstream-Gesellschaft, dass das Problem verletzt und bereite Werbung vor, die diesen Wert verteidigt und das Problem als eine Verletzung dieses Wertes darstellt.
- Sammle klare dokumentierte Geschichten darüber, was derzeit passiert, das sich ändern muss, um diesen gemeinsamen Wert zu entsprechen.
- Probe Beratungsstatements und bereite Antworten auf Widerstand mithilfe reflektierenden Zuhörens vor.

2. Aufgaben des Rebellen.

- Beginne mit der Sammlung von Beweisen dafür, dass das Problem tatsächlich tiefer als das dargestellte Thema ist, insbesondere Beweise dafür, nicht nur dass das System das Problem nicht lösen will, sondern dass es das Problem aktiv verteidigt.
- Suche nach Auslöser-Ereignissen, die dies demonstrieren und konfrontiere solche Ereignisse, provoziere sie sogar, indem du versuchst, das Problemverhalten zu stoppen oder Menschen zur Nichtkooperation motivierst.
- Bereite dich darauf vor, dass man die Bewegung stigmatisieren wird und dass dir falsche-Flaggen-Angriffe und ungesunde Aktionen seitens

fehlgeleiteten Sympathisanten zur Last gelegt werden.

- Errichte Unterstützungssysteme und positive Anker, die die Bewegung in der "politischen Wildnis" unterstützen können.

3. Aufgaben des Agenten des Wandels

- Baue sowohl eine öffentliche Unterstützungsbewegung mit Machthabern auf, die mit der Bewegung sympathisieren können, als auch einen Kern von Aktivisten, die bereit sind, Zeit zu verbringen und Risiken einzugehen, um das Thema dem Publikum offenzulegen.
- Finde oder erstelle Strukturen oder Gruppen, die Modelle alternativer Handlungsweisen sein können, die die Positivität deines Ziels demonstrieren und die Bewegung aufrechterhalten, wenn das öffentliche Interesse angesichts des langsamen Fortschritts nachlässt.
- Preise diese Modelle an und formuliere Geschichten von einzelnen Beispielen von Erfolgen, die als Metaphern verwendet werden können, um den gesellschaftlichen Wandel zu inspirieren.
- Plane Umdeutungen für die anhaltenden Herausforderungen der Bewegung und den Mangel an vollem Erfolg.

4. Aufgaben des Reformers

- Sei darüber im Klaren, warum minimalistische Reformen abgelehnt werden müssen, und was deine Mindestanforderungen an Kompromisse und Übergangsvereinbarungen sind, die zur Erreichung von Zielen führen, ohne die laufende Bewegung zu gefährden.
- Identifiziere die Menschen in Machtpositionen, die die Reformen, die deinen Vorschlag verkörpern öffentlich befürworten können.

Zusammenfassung

Eine der größten Herausforderungen, vor denen wir als soziale Aktivisten stehen, besteht darin, über Pessimismus und Verzweiflung hinauszugehen und das Gefühl der Inspiration zu bewahren, das uns zur Bewegung gebracht hat. NLP ist ein radikales Modell des persönlichen Wandels mit Wurzeln in Noam Chomskys Linguistik und in Alfred Korzybskis Studien über sprachlichen Einfluss. Es basiert auf dem "Modelling" der Methoden, die sehr erfolgreiche Agenten des Wandels anwenden, um ihre Ergebnisse zu erzielen. In diesem Buch haben wir untersucht, wie fünf NLP-Tools (von Hunderten solcher Tools) in den Diensten des sozialen Wandels eingesetzt werden können. Die fünf Prozesse sind:

Zielesetzen:
Das erfolgreichste Zielesetzen besteht aus acht Schritten:
Sensorisch spezifisch. Beschreibe im Detail, wann du es erreicht haben wirst und was du sehen, hören und fühlen wirst.
Positiv. Konzentriere dich auf das, was du bekommst, im positiven Sinn, anstatt auf die Problemsituation.
Ökologisch. Überprüfe die anderen Folgen der Erreichung deines Ziels.
Wahlmöglichkeit erweiternd. Überprüfe, ob es deine Wahlmöglichkeiten erweitert, anstatt sie einzugrenzen.
Von dir initiiert. Konzentriere dich auf deine Handlungen und nicht auf die Erwiderungen des Systems und Reaktionen anderer Menschen.
Erster Schritt identifiziert. Sei im Klaren darüber, dass möglicherweise mehrere Schritte erforderlich sind. Mache einen Schritt nach dem anderen.
Deine Ressourcen identifiziert. Nutze externe Ressourcen und inspirierende interne Erinnerungen kreativ.
Feedback. Verwende alle Ergebnisse als Feedback, um zu entscheiden, was als nächstes zu tun ist.

Metaprogramme für den sozialen Wandel und Rapport:
Bill Moyer schlägt vor, dass es vier wichtige Rollen im sozialen Wandel gibt: Bürger, Rebell, Reformer und Agent des Wandels. Die Bürger passen sich an (Matching), schützen allgemeine Werte und entfernen sich von Ergebnissen, die mit diesen nicht übereinstimmen. Rebellen stimmen mit den Mainstream-Systemen nicht überein (Mismatching) und drängen die Gesellschaft von diesen Systemen ab. Agenten des Wandels stimmen mit den Mainstream-Systemen nicht überein, bewegen sich auf neue Systeme zu und entwerfen sie. Reformer entsprechen Mainstream-Systemen und bewegen sie zu neuen

Gesetzen und Strukturen hin. Es gibt Vorteile für das Matching (Ähnlichkeiten finden) und das Mismatching (Unterschiede finden). Es ist auch wichtig zu wissen, dass die Grundlage einer erfolgreichen Beziehung Rapport ist, und Beziehung wird durch Übereinstimmung mit dem Verhalten einer anderen Person (z.B., Stimme, Augenkontakt, Gesten, Körperposition und Atmung) aufgebaut. Sowohl das von Problemen wegkommen (Weg-von) als auch das sich auf Ziele hin zu bewegen (Hin-zu) bietet Vorteile. Es ist ebenfalls wichtig zu beachten, dass die Bewegung zu Zielen hin ein Schlüssel ist, der am meisten zum Erfolg führt, wie oben diskutiert.

Umdeutung (Reframing):
Alle sozialen Aktionen können als Umdeutung betrachtet werden. In NLP-Begriffen gibt es drei Hauptwege, um Ereignisse neu zu deuten, die alle vom Aufbau von Rapport (wie oben besprochen) abhängen, um erfolgreich zu sein. Diese Wege sind:

1) Verwende die "Metamodell"-Fragen, um Menschen von ihren aktuellen Frames zurück zu den sensorisch spezifischen Ereignissen einzuladen, über die sie ihre Meinungen gebildet haben. Dazu gehören herausfordernde Voraussetzungen, Gedankenlesen, Werturteile, unklare Verben oder Substantive und Behauptungen der Unmöglichkeit oder Notwendigkeit.
2) Bedeutungs-Reframe. Finde eine neue positive Bedeutung für das Verhalten oder Ereignis, mit dem jemand ein Problem hat.
3) Kontext-Reframe. Finde einen neuen Kontext (z. B. Zeit oder Ort), in dem das gleiche Verhalten oder Ereignis nützlich sein könnte.

Ankern:
Ankern ist ein natürlich vorkommender Prozess, bei dem ein Stimulus aus einem Sinnessystem eine umfangreiche Erfahrung hervorruft, einschließlich des Geisteszustandes, der im ersten Kontakt mit dem Stimulus vorhanden war. Dies kann verwendet werden, um Menschen einzuladen, in eine Zeit der Entspannung, der Inspiration oder der hohen Energie zurück zu reisen, diesen Zustand neu zu erleben, wann immer sie es brauchen, und diesen Zustand mit Situationen zu assoziieren, mit denen sie zuvor ein Problem hatten, um in irgendeiner Weise damit fertig zu werden. Es kann verwendet werden, um die verschiedenen Ebenen der Erfahrung an der Herausforderung auszurichten. Es funktioniert am besten, wenn du in der Lage bist, belastbar auf die Situation zu reagieren, um die Muster der Chronizität zu vermeiden, wie z.B. dich auf Warum- und Was-wäre-wenn-Fragen zu konzentrieren, statt zu planen, was als nächstes zu tun ist.

Kooperative Beziehungen:
Die Schaffung kooperativer Beziehungen schafft dir eine wesentliche Reihe von Stützen für deine Mission als Agent des Wandels. Es beinhaltet das Kennen und Nutzen von Fertigkeiten für vier sehr unterschiedliche Situationen:

Kein Problembereich: Positive Erfahrungen aufbauen.	Ein anderer hat ein Problem: Verwende reflektierendes Zuhören.
Ich habe ein Problem: Verwende sensorisch-spezifische Ich-Botschaften und höre der Antwort zu.	Beide von uns haben ein Problem (Konflikt). Verwende die Win-Win-Methode, oder verwende bei Wertekonflikten Beratung und Modelling

Wir konzentrierten uns schließlich auf die Fertigkeiten, Werte zu beeinflussen und Bekehrung oder Überzeugung gesellschaftlich zu schaffen, und stellten fest, dass Einflussnahme in einem Wertekonflikt beinhaltet:

1. Gemeinsame Werte finden und nutzen (insbes. Bürger-Rolle)
2. Deine Meinung mittels beratender Ich-Botschaften teilen und reflektierend zuhören (insbes. Rebell-Rolle)
3. Das Verhaltens, das du verwenden möchtest, modellieren (insbes. die Rolle Agent des Wandels)
4. Spezifische Metaphern verwenden
5. Herausforderungen als Teil der Lösungsfindung umdeuten
6. Win-Win-Vereinbarungen für praktische Details schaffen, ohne zu versuchen, die großen Probleme auf diese Weise zu lenken. (insbes. Reformer-Rolle)

Es gibt viel mehr im NLP, das für uns in der Situation des sozialen Wandels nützlich wären. Mein Buch *Transforming Communication* bietet mehr Hintergrundinformationen zu diesen fünf sowie vielen anderen Techniken, einschließlich einer eingehenden Überprüfung der NLP-Prozesse zur Bildung einer kooperativen Gruppe und zur Lösung von Konflikten. NLP ist, wie NLP-Mitentwickler Robert Dilts sagt, ein Modell für die Erschaffung einer Welt, in der Menschen gerne leben wollen. Diese Welt hat bereits mit dir begonnen, sobald du dich dafür entscheidest, dich an dieser Veränderung zu beteiligen. Die Situationalisten sagten 1968 in Frankreich, dass eine Gesellschaft, die

Kreativität leugnet, ihre eigene Leugnung zum einzigen kreativen Akt macht. Ich würde sagen, noch stärker: Die Gesellschaft, die die Liebe unterdrückt, macht ihre eigene Transformation zum wichtigsten liebevollen Akt.

Dr Richard Bolstad ist NLP Trainer, der eine Reihe von Büchern über NLP und über die Schaffung einer kooperativen Welt geschrieben hat. Dazu gehören *Creating A Cooperative World*, *Transforming Communication*, und *Pro-fusion*. Er leitet Neuseelands größtes NLP-Ausbildungsunternehmen und hält jedes Jahr Trainings auf fünf Kontinenten. Er leitet auch weltweite Serviceprojekte wie Schulungen in Sarajevo und in der Umgebung von Tschetschenien. Man kann mit ihm Kontakt aufnehmen unter:
Postfach 35111, Browns Bay, Auckland, Telefon 09-4784895, E-Mail: learn@transformations.net.nz Website: http://www.transformations.net.nz

Bibliografie

Abramovitz, J.N. et alia, Vital Signs 2002 W.W. Norton & Company, New York, 2002

Ackerman, P. und Duvall, J. A Force More Powerful Palgrave, New York, 2000

Alder, H. Think Like A Leader Piatkus, London, 1995

Aldridge, D. "Why are some people healthy and others not? The determinants of health of Populations" in Advances: The Journal of Mind Body Health, Bd. 13, Nr. 4, Fall 1997

Anderson, R.C. Mid-Course Correction Peregrinzilla, Atlanta, Georgia, 1998

Andreas, C. Successful Parenting: An Audio Cassette Program NLP Comprehensive, Boulder, Colorado, 1992

Andreas, S. (2010) Help with Negative Self Talk Real People Press, Moab, Utah

Andreas, S. "What Makes a Good NLPer?"Ss. 3-6 in Anchor Point, Bd. 13, Nr. 10, Oktober 1999

Andreas, S. Virginia Satir: The Patterns of her Magic Science and Behaviour Books, Palo Alto, California, 1991

Ardui, J. und Wrycza, P. "Unravelling Perceptual Positions", in NLP World, Bd. 1, Nr. 2, 1994, Ss. 5-22

Armstrong, T. The Myth of the ADD Child Penguin, Harmondsworth, England, 1997

Baldwin, A., Kalhoun, J., und Breese, F., "Patterns of Parent Behaviour" in Psychological Monographs, 1945, 58 (3)

Bandler, R. (1985) Using Your Brain for a Change, Real People Press, Moab, Utah

Bandler, R. und Grinder, J. (1975) *The Structure of Magic*. Cupertino, California: Meta Publications

Bandler, R. und Grinder, J. Frogs into Princes, Real People Press, Moab, Utah, 1979

Bandler, R. und Grinder, J. Reframing, Real People Press, Moab, Utah, 1982

Bandler, R. Magic in Action, Meta Publications, Cupertino, 1984.

Bandler, R., Grinder, J. und Satir, V. Changing with Families Science and Behaviour Books, Palo Alto, California, 1976

Barkley, R. Attention Deficit Hyperactivity Disorder: A handbook For Diagnosis and Treatment Guilford, New York, 1990

Batson, C. D., und Coke, J. S. "Empathy: A source of altruistic motivation for helping?" Ss. 167-187 In Rushton, J.P. und Sorrentino, R.M. (Eds.), Altruism and Helping Behavior Erlbaum, Hillsdale, New Jersey, 1981

Beetham, D. A Beginner's Guide: Democracy Oneworld, Oxford, 2005

Bennett, H.L. und Disbrow, E.A. "Preparing for Surgery and Medical Procedures" Ss. 401-427 in Goleman, D. und Gurin, J. ed Mind-Body Medicine: How to Use Your Mind for Better Health Consumer Reports Books, Yonkers, New York, 1993

Bennett, H.L. Bensen, D.R. und Kuiken, D.A. "Preoperative Instruction for decreased bleeding during spine surgery" in Anesthesiology, Nr. 65, S. A245, 1986

Bennis, W. Organising Genius Nicholas Brealey, London, 1997

Bercovitch, J. und Rubin, J. Mediation in International Relations St Martins Press, New York, 1992

Berg, I. K. Family Based Services W.W. Norton & Co., New York, 1994

Bergin, A. und Garfield, S. Handbook of Psychotherapy and Behaviour Change, Wiley & Sons, New York, 1994

Blanchard, K.H. "Ethics In American Business" Ss. 224-233 in New Traditions In Business Berrett-Koehler, San Francisco, 1992

Blumstein, A., Cohen, J. und Nagin, D. eds Deterrence and Incapacitation, National Academy of Sciences Press, Washington DC, 1978

Blumstein, Alfred, Jacqueline Cohen, Jeffrey Roth, und Christy Visher, eds. Criminal Careers and Career Criminals National Academy Press, Washington DC, 1986

Bobes, T. und Bobes, N.S., The Couple Is Telling You What You Need To Know Norton, New York, 2005

Bodenhamer,B.G. und Hall, L.M. Figuring Out People Anglo-American Book Company, Bancyfelin, Wales, 1997

Bolstad, R. "Co-operative Business", in Anchor Point Ss. 31-41 in Bd. 15, Nr. 5 (Mai 2001); und Ss. 4-11 in Bd. 15, Nr. 6 (Juni 2001)

Bolstad, R. (2002) RESOLVE: A New Model of Therapy. Carmarthen, Wales, Crown Publishing

Bolstad, R. (2002) Transforming Communication Pearsons, Auckland

Bolstad, R. (2010) "The How Behind The Secret" Acuity the ANLP Journal, Issue 1

Bolstad, R. und Hamblett, M. "Preventing Violence in Schools: An NLP Solution" Ss. 3-14 in Anchor Point, Bd. 14, Nr. 9, September 2000

Bolstad, R. und Hamblett, M. Transforming Communication Addison-Wesley-Longman, Auckland, 1998

Bolstad, R. RESOLVE: A New Model of Therapy Crown House, Bancyfelin, Wales, 2002

Bolstad, R. Transforming Communication Pearsons, Auckland, 2004

Bookchin, M. The Ecology of Freedom Cheshire Books, Palo Alto, California, 1982

Booth, P. Edmund Hillary: The Life of a Legend, Moa Beckett, Auckland, 1992

Bowman, G. "Helping the Blind To See With NLP" Ss. 44-47 in Anchor Point, Bd. 10, Nr. 11, November 1996

Boyett, J. und Boyett, J. The Guru Guide John Wiley & Sons, New York, 1998

Bragg, T. "Resolving Conflict in The Workplace" in Anchor Point, März 1995, Ss. 20-25

Brandenburger, A.M. und Nalebuff, B.J. Co-opetition Doubleday, New York, 1996

Brandon, D. Zen in the Art of Helping, Dell, New York, 1976

Brockman, W.P. "Empathy revisited: the effects of representational system matching on certain counselling process and outcome variables", Dissertation Abstracts International 41(8), 3421A, College of William and Mary, 167pp., 1980

Brooks, D.J. "Interview with M.K. Gandhi" in The Hindu newspaper, Juni 15, 1947

Brown, L.R. et alia Vital Signs 2001 W.W. Norton & Co., New York

Bubenzer, D.L. und West, J.D. Counselling Couples Sage Publications, London, 1993

Bureau of Justice Statistics Crime Facts at a Glance U.S. Department of Justice, Washington, 2001 also at: http://www.ojp.usdoj.gov/bjs/glance/

Byrne, R. (2006) *The Secret.* New York: Atria Books,

Cameron-Bandler, L. Solutions Real People Press, Moab, Utah, 1985

Canfield, J. und Hansen, M.V. A 2nd Helping of Chicken Soup for the Soul. Deerfield Beach, Florida: Health Communications Inc, 1993

Carkhuff, R.R. und Berenson, B.G. Beyond Counselling and Therapy, Holt, Rinehart and Winston, New York, 1977

Carkhuff, R.R. The Art of Helping Human Resource Development, Amherst, Massachusetts, 1973

Carroll, E. und Mackie, K. International Mediation: The Art of Business Diplomacy Kluwer Law International, The Hague, 2001

Cedar, R. A Meta-analysis of the Parent Effectiveness Training Outcome Research Literature, Ed D. Dissertations, Boston University, 1985

Charvet, S.R. Words That Change Minds Kendall/Hunt, Dubuque, Iowa, 1997

Chevalier, A.J., On the Client's Path, New Harbinger, Oakland, California, 1995

Chia, M. und Arava, D.A. The Multi-orgasmic Man Harper Collins, San Francisco, 1996

Chia, M. und Chia, M. Healing Love Through the Tao: Cultivating Female Sexual Energy Healing Tao, Huntington, New York, 1986

Chomsky, N. "Rationality/Science" from Z Papers Special Issue, 1995 on line at http://www.zmag.org/chomsky/articles/95-science.html

Chomsky, N. For Reasons of State Vintage Books, New York, 1973

Chomsky, N. Radical Priorities Black Rose Books, Montreal, 1981

Chomsky, N. Syntactic Structures Mounton, The Hague, 1957

Chomsky, N. Understanding Power: The Indispensable Chomsky The New Press, New York, 2002

Chopra, D. The Path to Love Harmony, New York, 1997

Christie, S. und Meltzer, A. The Floodgates of Anarchy Shere Books, London, 1972

Chu, V. The Yin-Yang Butterfly Simon & Schuster, London, 1997

Cialdini, R.B. Influence: Science and Practice Harper Collins College Publishers, New York, 1993

Coddington, D. "Disciplined to Death" Ss. 32-44 in North & South, Februar 2000

Cohen, A. R. und Bradford, D. L. Influence Without Authority, John Wiley & Sons, New York, 1991

Cohn-Bendit, D. Obsolete Communism: The Left Wing Alternative AK Press, Edinburgh, 2000

Colgan, Dr A. und McGregor, J. Sexual Secrets Alister Taylor Publishers, Martinborough, New Zealand, 1981

Condon, W. S. "Cultural Microrhythms" Ss. 53-76 in Davis, M. (ed) Interactional Rhythms:Periodicity in Communicative Behaviour Human Sciences Press, New York, 1982

Congressional Record, 103rd Congress of the United States of America, Second Session, 1994, S14475, Statement of the President, 6 Oktober 1994

Coover, V., Deacon, E., Esser, C., und Moore, C. Resource Manual For A Living Revolution., New Society Press, Philadelphia, 1978

Covey, S.R. Principle-Centred Leadership Simon & Schuster, New York, 1991

Coyle, J.T. "Psychotropic Drug Use in Very Young Children" Editorial in Journal of the American Medical Association, Bd. 283, Nr. 8, Februar 23, 2000

Craldell, J.S. "Brief treatment for adult children of alcoholics: Accessing resources for self care"p 510-513 in Psychotherapy, Bd. 26, Nr. 4,

Winter, 1989

Crum, A.J. und Langer, E.J.,\ (2007) "Mind-Set Matters: Exercise and the Placebo Effect" Ss. 165-171 in *Psychological Science*, Bd. 18, Nr. 2, Februar 2007

Cullen, B. "Two Weeks at Camp David" Ss. 56-61 in Smithsonian magazine, September 2003, Cupertino, 1975.

Dannemann-Kamerman M. "Ecology of Political Systems: Applying NLP to the Understanding of Politics" Series of Articles in The Health Attractor Journal: a) Ss. 14 und 16, Bd. 7, Nr. 2, August 2001; b) Ss. 5, Bd. 8, Nr. 2, August 2002

Dannemann-Kamerman, M. "The Ecology of Political Systems: Making a World to Which People Want to Belong" NLP Comprehensive, http://www.nlpcomprehensive.com/articles/Politics/Politics.htm, 1999

De Bono, E. Sur/Petition: Going Beyond Competition Fontana, London, 1992

Delis, D.C. und Phillips, C. The Passion Paradox Piatkus, London, 1990

DeLozier, J. und Grinder, J. Turtles All the Way Down Grinder, DeLozier and Associates, Bonny Doon, California, 1987

Derks, L., The Social Panorama Model, Son Repro Service BV, Eindhoven, 1998

Derrick, E. Community Development & Social Change Auckland District Council of Social Services, Auckland, New Zealand, 1982

Devaliant, J. Kate Sheppard Penguin, Auckland, 1992

Dewes, K. "Civil Society and Governments as Partners in Nuclear Disarmament", Canadian Network for The Abolition of Nuclear Weapons, März 1998

Dewes, K. und Green, R. "The World Court Project" in Pacifica Review, Bd. 7, Nr. 2, Oktober-November 1995

Dewes, K. The World Court Project Disarmament & Security Centre, Christchurch, 1998

Dilts, R. und DeLozier, J. Encyclopedia of Systemic Neuro-Linguistic Programming and NLP New Coding, NLP University Press, Scotts Valley, California (Available at http://www.nlpuniversitypress.com/) 2000

Dilts, R. und McDonald, R. Tools Of The Spirit Meta, Capitola, California, 1997

Dilts, R. Changing Belief Systems With NLP Meta Publications, Capitola, California, 1990

Dilts, R. Modelling With NLP Meta Publications, Capitola, California, 1998

Dilts, R. with Bonissone, G. Skills for The Future, Meta Publications,

Cupertino, California, 1993
Dilts, R.B., Epstein, T. und Dilts, R.W. (1991) *Tools for Dreamers*. Capitola, California: Meta Publications
Dotz, T., "An Interview with Robert McDonald" in Anchor Point, Bd. 12, Nr. 2, Feb 1998, Ss. 21-30
Dryden, G. und Vos, J. The Learning Revolution Profile Books, Wellington, 1993
Duncan, R., Selected Writings Of Mahatma Gandhi, Fontana, London, 1972
Egan, G. The Skilled Helper Brooks/Cole, Monterey, California, 1975
Egbert, L.D., Battit, G.E. et alia "Reduction of postoperative pain by encouragement and instruction of patients" in New England Journal of Medicine, Nr. 270 Ss. 825-827, 1964
Elders, F. ed Reflexive Water: The Basic Concerns of Mankind Souvenir Press, 1974
Erickson, M.H. (1980) The Collected Papers of Milton H. Erickson Vol I (ed Rossi, E.L.) Irvington, New York
Erickson, M.H. und Rossi, E.L. Hypnotherapy: An Exploratory Casebook, Irvington, New York, 1979
Ericsson, K. A. (2003) "How the expert-performance approach differs from traditional approaches to expertise in sports: In search of a shared theoretical framework for studying expert performance." In J. Starkes und K. A. Ericsson (Eds.) *Expert performance in sport: Recent advances in research on sport expertise.* (pp. 371-401). Champaign, Illinois: Human Kinetics.
Ericsson, K. A. (2003) "The search for general abilities and basic capacities: Theoretical implications from the modifiability and complexity of mechanisms mediating expert performance" In R. J. Sternberg und E. L. Grigorenko (Eds.) *Perspectives on the psychology of abilities, competencies, and expertise*. (pp. 93-125). Cambridge: Cambridge University Press.
Ericsson, K. A. (2004) "Deliberate practice and the acquisition and maintenance of expert performance in medicine and related domains" in *Academic Medicine*. 10, S1-S12.
Fadiga, L., Fogassi, G., Pavesi, G. und Rizzolatti, G. "Motor Facilitation during action observation: a magnetic stimulation study" Ss. 2608-2611 in Journal of Neurophysiology, Nr. 73, 1995
Featherstone, L., Henwood, D. und Parenti, C. "Activism: Left Anti-intellectualism and Its Discontents" Ss. 301-314 in Yuen, E., Burton-Rose, D., und Katsiaficas, G. Confronting Capitalism Soft Skull Press, Brooklyn, New York, 2004

Fiedler, F.E. "Factor analysis of psychoanalytic, non-directive and Adlerian therapeutic relationships" Ss. 32-38 in Journal of Consulting Psychology, Nr. 15, 1951

Finney, J.W. und Moos, R.H. "Psychosocial Treatments for Alcohol Use Disorders" Ss. 156-166, in Nathan, P.E. und Gorman, J.M. A Guide To Treatments That Work, Oxford University Press, New York, 1998

Foner, E. The Story of American Freedom W.W. Norton & Company, New York, 1999

Foner, E. Who Owns History? Hill and Wang, New York, 2002

Franzoi, S.L. Social Psychology Brown & Benchmark, Madison, 1996

Freedman, J.L. "Long term behavioural effects of cognitive dissonance" Ss. 145-155 in Journal of Experimental Social Psychology, Bd. 1, 1965

French, M. Beyond Power, Summit Books, New York, 1985

Gandhi, M.K. Hindu Dharma Orient, New Delhi, 1997

Genser-Medlitsch, M. und Schütz, P., "Does Neuro-Linguistic Psychotherapy have Effect? New Results shown in the extramural section." Martina Genser-Medlitsch und Peter Schütz, ÖTZ-NLP, Vienna, 1997

Goebbels, J. "Jahreswechsel 1939/40. Sylvesteransprache an das deutsche Volk," Die Zeit ohne Beispiel, Zentralverlag der NSDAP, Munich, 1941, pp. 229-239. Published on the Internet in English at http://www.calvin.edu/academic/cas/gpa/goeb21.htm

Goldratt, E.M. The Goal North River Press, Great Barrington, Massachusetts, 1985

Goldratt, E.M. Theory of Constraints North River Press, Great Barrington, Massachusetts, 1990

Goodkin K., Blancy N.T., Feaster D. et alia (1992) "Active coping style is associated with natural killer cell cytotoxicity in asymptomatic HIV-1 seropositive homosexual men" *Journal of Psychosomatic Research* 1992, 36:635-650

Goodkin K., Blancy N.T., Feaster D. et alia (1992) "Active coping style is associated with natural killer cell cytotoxicity in asymptomatic HIV-1 seropositive homosexual men" *Journal of Psychosomatic Research* 1992, 36:635-650

Gordon, T. "Teaching People to Create Therapeutic Environments" in Suhd, M. M. ed Positive Regard, Science and Behaviour Books, Palo Alto California, 1995, pp 301-336

Gordon, T. Group Centered Leadership: A Way of Releasing the Creative Potential In Groups, Houghton-Mifflin, Boston, 1955

Gordon, T. Leader Effectiveness Training, Peter H. Wyden, New York, 1978

Gordon, T. Parent Effectiveness Training, Peter H. Wyden, New York, 1970
Gordon, T. Teacher Effectiveness Training, Peter H. Wyden, New York, 1974
Gordon, T. Teaching Children Self Discipline At Home And At School, Random House, New York, 1989
Gottman, J.M. und Silver, N. The Seven Principles for Making Marriage Work Three Rivers Press, New York, 1999
Gottman, J.M. The Marriage Clinic W.W. Norton und Co., New York, 1999
Haigh, L. "Empowering Employees: Makes Dollars and Sense" Ss. 7-13 in People and Performance, Bd. 2 Nr. 2, Juni 1994
Haley, J. und Hoffman, L. Techniques of Family Therapy basic Books, New York, 1967
Hall, L.M. (2000) "A Few Secrets About Wealth Building" Ss. 25-31 in *Anchor Point journal*, Bd. 14, Nr. 4, April 2000
Handy, C. Beyond Certainty Arrow Books, London, 1996
Hansen, M.V. und Allen, R.G. The One Minute Millionaire Harmony, New York, 2002
Hatfield, E., Cacioppo, J. und Rapson, R. Emotional Contagion Cambridge University Press, Cambridge, 1994
Hawken, P., Lovins, A. und Lovins, L. H. Natural Capitalism Little, Brown and Company, New York, 1999
Haynes, J.M., The Fundamentals of Family Mediation State University of New York, Albany, 1994
Hischke, D. " A definitional and structural investigation of matching perceptual predicates, mismatching perceptual predicates, and Milton-model matching." In Dissertation Abstracts International 49(9) Ss. 4005
Hitler, A. Mein Kampf Houghton Mifflin, Boston, 1943
Hornstein, H. A. Cruelty and Kindness: A new look at aggression and altruism. Prentice-Hall, Englewood Cliffs, New Jersey, 1976
Howard, J.W. und Dawes, R.M. "Linear prediction of marital happiness" Ss. 478-480 of Personality and Social Psychology Bulletin, Nr. 2, 1976
http://www.cartercenter.org/news/publications/health/guinea_worm_publications/profile-yakubu-gowon.html
http://www.hiv.gov.gy/edocs/rp_ed_radiodramas.pdf
http://www.ihi.org/knowledge/Pages/Measures/default.aspx
Human Security Report http://www.humansecuritybrief.info/figures.html Simon Fraser University, Canada
Ivey, A.E., Bradford Ivey, M., und Simek-Morgan, L. Counseling And Psychotherapy Allyn and Bacon, Boston, 1996
Iyer, R.N. ed The Moral and Political Writings of Mahatma Gandhi

Clarendon Press, Oxford, 1986
James, T. "General Model for Behavioural Intervention" in Time Line Therapy® Practitioner Training (manual. Version 3.1), Time Line Therapy™ Association, Honolulu, 1995
Jensen, E.P. Super-Teaching, Turning Point, Del Mar, California, 1988
Kaplan, H. Singer. The New Sex Therapy Penguin, Harmondsworth, England, 1974
Kasser, T. und Ryan, R.M. (1996) "Further Examining the American Dream: Differential Correlates Of Intrinsic And Extrinsic Goals" Ss. 280-287 in *Personality and Social Psychology Bulletin*, Bd. 22, Nr. 3, 1996
Kelly, K. New Rules For The New Economy Fourth Estate, London, 1999
Kelly, K. The Secret Of "The Secret". Sydney, Australia: Pan Macmillan, 2007
Kidder, R.M. "Core Values in Northern Ireland" in Ethics Newsline, Institute for Global Ethics, (online at www.globalethics.org/newsline/members/issue.tmpl) April 20, 1998
Kohn, A. Beyond Discipline: From Compliance to Community, Association for Supervision and Curriculum Development, Alexandria, Virginia, 1996
Kohn, A. No Contest: The Case Against Competition, Houghton Mifflin, Boston, 1986
Kohn, A. Punished by Rewards, Houghton Mifflin, Boston, 1993
Kohn, A. The Brighter Side of Human Nature: Altruism And Empathy In Everyday Life Harper Collins, New York, 1990
Korzybski, A. Science and Sanity, Institute of General Semantics, Englewood, New Jersey, 1994
Kropotkin, P. Mutual Aid: A Factor in Evolution Extending Horizons Books, Boston, 1955 (Original work published 1902)
Laborde, G.Z. Influencing with Integrity Syntony, Palo Alto, California, 1983
Lambert, M. und Bergin, A. "The Effectiveness of Psychotherapy" in Bergin, A. und Garfield, S. Handbook of Psychotherapy and Behaviour Change Wiley, New York, 1994
Langer, E.J. Mindfulness. Reading, Massachusetts: Addison-Wesley, 1989
LeFevre, D.N. New Games for The Whole Family Perigee, New York, 1988
Legge, J. Chaos Theory and Business Planning Schwartz & Wilkinson, Melbourne, 1990
Lepore, D. und Cohen, O. Deming and Goldratt: The Theory of Constraints and the System of Profound Knowledge North River Press, Great Barrington, Massachusetts, 1999

Lieberman, S.A. New Traditions: Redefining Celebrations for Today's Family Noonday Press, New York, 1991

Locke, E.A. und Latham, G.P. (1990) "Work Motivation and Satisfaction: Light At The End Of The Tunnel" in Psychological Science 1, Ss. 240-246

Lund, M.S. Preventing Violent Conflicts United States Institute of Peace, Washington, 1996

Lynch, D. und Kordis, P.L. Strategy of the Dolphin Fawcett Columbine, New York, 1988

Macroy, T.D. "Linguistic surface structures in family interaction" in Dissertation Abstracts International, 40 (2) 926-B, Utah State University, 133 pp, Order = 7917967, 1978

Makover, J. Beyond the Bottom Line Simon & Schuster, New York, 1994

Malone, J "Who Needs the Sea Treaty?" S. 83 in USA Foreign Policy, Washington, Spring, 1984

Mann, L., Beswick, G., Allouache, P. und Ivey, M. "Decision workshops for the improvement of decisionmaking: Skills and confidence" in Journal of Counselling and Development, 67, Ss. 478-481, 1989

Manz, C.C. und Sims, H.P. Business Without Bosses John Wiley & Sons, New York, 1995

Marlatt,G. und Gordon, J. Relapse Prevention: Maintenance Strategies in the Treatment of Addictive Behaviours Guilford, New York, 1985

Maruta, M., Colligan, R., Malinchoc, M. und Offord, K. (2000) "Optimists vs. Pessimists: Survival Rate Amongst Medical Patients Over A 30 Year Period" Ss. 140-143 in *Mayo Clinic Proceedings*, Bd. 75; Nr 2, Februar 2000

Maturana, H.R. und Varela, F.J. The Tree Of Knowledge Shambhala, Boston, 1992

McClendon, T. The Wild Days, Meta, Cupertino, California, 1989

McClintock, C. G. "Development of social motives in Anglo-American and Mexican-American children" Ss. 348-354 in Journal of Personality and Social Psychology, Nr. 29, 1974

McCracken, J. "Creating Cooperative Classrooms" Ss. 48-51 in Trancescript, Nr. 20, Juni 2000

McKenna, C. Powerful Communication Skills Career Press, Franklin Lakes, New Jersey, 1998

McMaster, M.D. Performance Management Metamorphous, Portland, Oregon, 1986

McVarish, S. The Greening of New Zealand Random Century, Auckland, 1992

Meece, J.L., Wigfield, A. und Eccles, J.S. "Predictors of Math Anxiety and its Influence on Young Adolescents' Course Enrollment Intentions and Performance in Mathematics" in Journal of Educational Psychology 82, Ss. 60-70, 1990

Miller, K. Dr Thomas Gordon's Teacher Effectiveness Training Instructor Guide Effectiveness Training, Solana Beach, California, 1994

Miller, S. D., Hubble, M.A. und Duncan, B.L. (1996) *Handbook of Solution Focused Brief Therapy*, Jossey-Bass, San Francisco

Miller, W. "Motivation for treatment: a review with special emphasis on alcoholism." In Psychological Bulletin, Bd. 98 (1), Ss. 84-107, 1985

Mitchell, G.J. Making Peace University of California, Berkeley, Los Angeles, 1999

Monterosso, S., Lyubomirsky, K., White, K. und Lehman, D.R. (2002) "Maximising Versus Satisficing: Happiness Is A Matter of Choice" Ss. 1178-1197 in *Personality and Social Psychology*, Nr. 83 (5), 2002

Moore, H.J. "Editors Note for the Web Edition, General Semantics newsletter, Institute of General Semantics, Manchaca, Texas, On the Internet at http://www.general-semantics.org/library/minteer/pref-01.html

Morris, J. "James Morris on Eric Foner" in Civnet Journal, Bd. 3. Nr. 1, Januar–Februar 1999 (on line at http://www.civnet.org/journal/vol3no1/revjmorr.htm)

Moyer, B. with McAllister, J., Finley, M.L. und Soifer, S. Doing Democracy New Society, Gabriola Island, Canada, 2001

Muss, D. "A New Technique for Treating Post-Traumatic Stress Disorder" in British Journal of Clinical Psychology, 30, Ss. 91-92, 1991

Myers, N. Deforestation Rates in Tropical Forests and Their Climatic Implications. Friends of the Earth, London 1989, updated at www.ran.org/info_center/factsheets/04b.html

Mytton, J.A., DiGuiseppi, C., Gough, D.A., Taylor, R.S., und Logan, S. "School-Based Violence Prevention Programs: Systematic Review of Secondary Prevention Trials" Ss. 752-762 in Archives of Pediatric and Adolescent Medicine, 2002, Bd. 156, Nr. 8, August 2002

Nagin, D. "Criminal Deterrence Research at the Outset of the Twenty-First Century" in Tonry, M. ed Crime and Justice: A Review of Research, Bd. 23, University of Chicago, Chicago, 1998

Nightingale, E. (2009) "The Strangest Secret" published on line at http://www.innovationtools.com/Articles/SuccessDetails.asp

Nyhart, J.D. und Traintafyllou, M.S. A Pioneer Deep Ocean Mining Venture (Cambridge, Massachusetts Institute of Technology Press, Cambridge,

Massachusetts, 1983
Oettingen, G. "Expectancy Effects on Behaviour Depend on Self-Regulatory Thought" Ss. 101-129 in *Social Cognition*, Nr. 18, 2000
Oettingen, G. und Gollwitzer, P.M. "Self-Regulation of Goal Pursuit: Turning Hope Thoughts into Behaviour" Ss. 304-307 in *Psychological Inquirer*, Nr. 13, 2002
Oettingen, G. und Mayer, D. "The Motivating Function of Thinking About the Future: Expectations Versus Fantasies" Ss. 1198-1212 in *Journal of Personality and Social Psychology*, Nr. 83, 2002
Oettingen, G. und Wadden, T.A. (1991) "Expectation, Fantasy, and Weight Loss: Is the Impact of Positive Thinking Always Positive?" Ss. 167-175 in *Cognitive Therapy and Research*, Nr. 15, 1991
Oettingen, G. Pak, H. und Schnetter, K. (2001) "Self-Regulation of Goal Setting: Turning Free Fantasies About the Future into Binding Goals" Ss. 736-753 in *Journal of Personality and Social Psychology*, Nr. 80, 2001
Patterson, K., Grenny, J., Maxfield, D., McMillan, R. und Switzler, A. "Influencer", McGraw-Hill, New York, 2008
Pavlov, I.P. Conditioned Reflexes: An Account of The Physiological Activities of the Cerebral Cortex Oxford University Press, London, 1927
Pennebaker, J.W. und O'Heeron, R.C. "Confiding in others and illness rates among spouses of suicide and accidental death" Ss. 473-476 in Journal of Abnormal Psychology, Bd. 93, 1984
Pennebaker, J.W. Opening Up: The Healing Power OF Expressing Emotions Guilford Press, New York, 1997
Perls, F. In And Out Of The Garbage Pail Real People Press, Lafayette, California, 1969
Perls, F.S. Gestalt Therapy Verbatim Real People Press, Moab, Utah, 1969
Pham, L.B. und Taylor, S.E. (1999) "From Thought to Action: Effects of Process Versus Outcome Based Mental Simulations on Performance." Ss. 250-260 in *Personality and Social Psychology Bulletin*, Nr. 25, 1999
Phillips, R. Divorce in New Zealand Oxford, Auckland, 1981
Pinker, S. The Better Angels of Our Nature Viking, New York, 2011
Platt, J. "The Skinnerian Revolution" in Wheeler, H. ed, Beyond the Punitive Society, W. H. Freeman & Co., San Fransisco, 1973
Pogrebin, L.C. Family Politics McGraw-Hill, New York, 1983
Prather, H. und Prather, G. I Will Never Leave You Bantam, New York, 1995
Prime Time Productions, The Secret DVD 2006

Prior, R. und O'Connor, J. NLP & Relationships Thorsons, London, 2000
Project Ploughshares http://www.ploughshares.ca/
Reckert, H.W. "Test anxiety… removed by anchoring in just one session?" in Multimind, NLP Aktuell, Nr. 6, November/Dezember 1994
Reiss, A.J., und Roth, J. eds. Understanding and Controlling Violence National Academy Press, Washington DC, 1993
Renesch, J. Ed New Traditions in Business Berrett-Koehler, San Francisco, 1992
Renner, M. Small Arms, Big Impact Worldwatch Publications, Washington, 1997
Rindfleisch, A., Burroughs, J. und Denton, F. "Family Structure, Materialism and Compulsive Consumption," Ss. 312-325 in *The Journal of Consumer Research*, Bd. 23, Nr. 4, März 1997
Rizzolatti, G., Fadiga, L., Gallese, V. und Fogassi, L. "Premotor cortex and the recognition of motor actions" Ss. 131-141 in Cognitive Brain Research, Nr. 3, 1996
Rizzolatti,G. und Arbib, M.A. "Language within our grasp" Ss. 188-194 in Trends in Neuroscience, Nr. 21, 1998
Robbins, A. Unlimited Power Simon & Schuster, London, 1988
Rossi, E.L. ed The Collected Papers of Milton H. Erickson on Hypnosis: Volume IV, Innovative Hypnotherapy, Irvington, New York, 1980
Satir, V. Conjoint Family Therapy Science and Behaviour books, Palo Alto, California, 1967
Satir, V. Peoplemaking, Science and Behaviour, Palo Alto, California, 1972
Satir, V. The New Peoplemaking Science and Behaviour, Mountain View, California, 1988
Schwarz, N., Bless, H., Strack, F., Klumpp, G., Rittenauer-Schatka, H., & Simons, A. (1991). Ease of retrieval as information: Another look at the availability heuristic. Journal of Personality and Social Psychology, Bd. 61, Nr. 2, Ss. 195-202
Scuka, R.F., Relationship Enhancement Therapy Routledge, New York, 2005
Seligman, M.E.P. Learned Optimism Random House, Milsons Point, Sydney, 1997
Seligman, M.E.P. The Optimistic Child Random House, Sydney, 1995
Semler, R., Maverick! Arrow, London, 1994
Senay, I., Albarracín, D. und Noguchi, K. (2010) Motivating goal-directed behavior through introspective self-talk: the role of the interrogative form of simple future tense Psychological Science Bd. 21, Nr. 4: Ss. 499-504, April 2010
Sharp, G. The Politics of Nonviolent Action Porter Sargent Publishers,

Boston, 1973
Shaw, G.B. Man and Superman Penguin, Harmondsworth, 1980
Simons, D.J. und Levin, D.T. "Failure to detect changes to people during real-world interaction" Ss. 644 in Psychonomic Bulletin and Review, Bd. 4, 1998
Singhal, A. und Rogers, E.M. "Entertainment Education: A Communication Strategy for Social Change" Lawrence Erlbaum Associates, Mahwah, New Jersey, 1999
Slater, P. Wealth Addiction. Dutton, New York 1980
Slavik, D.J. (2003) "Keeping your eyes on the prize: outcome versus process focused social comparisons and counterfactual thinking" Thesis (Ph. D.), Fayetteville: University of Arkansas
Snow, D.A. und Benford, R.D. "Ideology, Frame Resonance, and Participant Mobilization" Ss. 1997-217 in Klandermans, B., Kriesi, H. und Tarrow, S. From Structure to Action: Social Movement Participation Across Cultures JAI Press, Greenwich, Connecticut, 1988
Solter, A.J. The Aware Baby Shining Star Press, Goleta, California, 1990
Speeter, G. Power: A Repossession Manual University of Massachusetts, Amherst, Massachusetts, 1978
Stephens, G.J., Silbert, L.J. und Hasson, U. "Speaker–listener neural coupling underlies successful communication" in Proceedings of the National Academy of Sciences, Juni 18, 2010
Sternberg, R.J. "A Triangular Theory of Love" in Psychological Review, 93, Ss. 119-135, 1986
Swack, J.A., "A Study of Initial Response and Reversion Rates of Subjects Treated with the Allergy technique", in Anchor Point, Bd. 6, Nr. 2, Feb 1992
Sweet, G. The Advantage of Being Useless, Dunmore Press, Palmerston North, New Zealand,1989
Symons, D. The Evolution of Human Sexuality Oxford University, Oxford, 1981
Tanner Pascale, R. Managing on The Edge Simon & Schuster, New York, 1990
Tarrow, S. Power in Movement Cambridge University, Cambridge, 1998
Thalgott, M.R. "Anchoring: A "Cure" For Epy" Ss. 347-352 in Academic Therapy, Bd. 21, Nr. 3, Januar 1986
Thomas, K. "General practice consultations: is there any point in being positive?" in British Medical Journal Bd. 294, Ss. 1200-1202, 1987
Thomas, K.B. "The placebo in general practice" Ss. 1066-1067 in Lancet, Bd. 344 (8929) Oktober 15, 1994

Timpany, L. (2005) "Building Outcome Bridges" Ss. 3-4 in *Trancescript* Nr. 36, Oktober 2005

Tonry, M. und Petersilia, J. "Prison Research at the Beginning of the 21st Century" in Tonry, M. und Petersilia, J. Prisons University of Chicago, Chicago, 1999

Ury, W. Getting Past No Century Business, London, 1991

Von Hirsch, A., Bottoms, A.E., Burney, E., und Wikström, P.O. Criminal Deterrence and Sentence Severity: An Analysis of Recent Research. Hart Publishing. Oxford, 1999

Wall, B. Solum, R. und Sobol, M., The Visionary Leader Prima, Rockman, California, 1992

Wallace, A. und Gancher, D. Eco-Heroes: Twelve Tales of Environmental Victory, Mercury House, San Francisco, 1993

Walljasper, J., Spayde, J. und die Herausgeber Utne Reader Visionaries New Society Publishers, Gabriola Island, Canada, 2001

Waltman, S.(2006) http://integrationcoach.wordpress.com/2006/08 "Integration Coaching"

Watkins, M. und Rosegrant, S. Breakthrough International Negotiation Jossey-Bass, San Francisco, 2001

Wattles, W. The Science of Getting Rich. Rockford, Illinois: BN Publishing, 2006

Weeks, D., The Eight Essential Steps to Conflict Resolution, G.P. Putnam's Sons, New York, 1992

Wegner, D. "Transactive Memory in Close Relationships" in Journal of Personality and Social Psychology, Bd. 61, Nr. 6, Ss. 923-929, 1991

Weisbord, M.R. ed, Discovering Common Ground, Berret-Koehler, San Francisco, 1992

Wheatley, M.J. Leadership and the New Science Berrett-Koehler, San Francisco, 1994

Whyte, W.F. und Whyte, K.K. Making Mondragon ILR Press, New York, 1991

Wile, D.B. Couples Therapy: A Non-Traditional Approach Wiley, New York, 1992

Williams, J.H.G., Whiten, A., Suddendorf, T. und Perrett,D.I. "Imitation, mirror neurons and autism" Ss. 287-295 in Neuroscience and Biobehavioural Review, Nr. 25, 2001

Williams, P. und Williams, R. How to Be Like Women Of Influence Health Communications Inc., Deerfield Beach, Florida, 2003

Wilson, E. What Is To Be Done about Violence Against Women Penguin, Harmonsworth, England, 1983

Wilson, G.D., und McLaughlin, C. The Science of Love Fusion Press, London, 2001
Wiseman, R. 59 Seconds: Think A Little, Change A Lot. London: Macmillan, 2009
Witt, S. "An Interview With Amory Lovins" E.F.Schumacher Society, 1999, on line at www.smallisbeautiful.org/lovinsinterview.html
Wood, J., Elaine Perunovic, W., & Lee, J. (2009). Positive Self-Statements: Power for Some, Peril for Others. Psychological Science Psychological Science Juli 1, 2009 Bd. 20 Nr. 7, Ss. 860-866
Yapko. M., "The Effects of Matching Primary Representational System Predicates on Hypnotic Relaxation." in the American Journal of Clinical Hypnosis, 23, Ss. 169-175, 1981
Yuen, E., Burton-Rose, D., und Katsiaficas, G. Confronting Capitalism Soft Skull Press, Brooklyn, New York, 2004
Zeigarnik, A.V. (1927) "Über das behalten von erledigten und unerledigten Handlungen", Ss. 1-85 in *Psychologische Forschung*, Nr. 9, 1927
Zilbergeld, B. The Shrinking of America, Little Brown & Co., Boston, 1983